JN439125

화수목산인

안명영 역사기행 산문집

교음사

| 책머리에 |

사람 사는 이 땅에 꽃, 물, 나무, 산이 있고 그 속에 사람이 산다.

花

꽃은 생명의 연속성을 위한 특성을 가지고 있다.

능소화는 암술 주변에 상하 2개씩 수술을 가지고 있고, 겨울이 긴 몽골 고원의 야생화는 작은 꽃에 색깔이 눈부시게 진하다.

水

물은 낮은 곳으로 흘러간다. 둑으로 막으면 넘칠 때까지 기다리며, 물살에 따라 모래나 자갈을 내려놓아 수로가 변하고 섬을 만들기도 한다. 물속에는 생명의 씨앗이 있어 물이 있는 곳에는 꽃과 나무가 자란다.

木

나무는 뿌리를 내려 생명이 다할 때까지 자리를 지킨다. 군락을 지어 살며 서로 뿌리를 교차하여 다른 식물의 접근을 막기도 하며, 햇볕을 많이 받기 위하여 바늘 모양이 되기도 하고, 해를 향하여 경쟁하듯 길이 자람을 한다.

山

人

산에는 꽃이 피고, 나무가 있고 풀이 자라고 온갖 생명이 살아가는 곳이다. 물을 품었다가 흘려보내기도 하며, 물이 모여 강을 이루며 산은 강을 건너지 못한다.

사람은 꽃과 물, 나무, 산을 보고 무엇을 배우며 그 속에서 어떻게 살아가는지를 책장에 담았다.

이 책이 출간될 수 있도록 문예진흥기금에 애써 주신 이민호 선생님, 좋은 책 만들어 주신 교음사 강병욱 대표님께 감사드립니다.

2021. 4. 저자 안명영

안명영 역사기행 산문집

木

山

人

花

봄날은 간다

봄이 오는 길목에 마중 나온 목련화, 매화 향기 고막을 두드리고 진달래 피어나니 벌이 찾아들고 담장 너머 노란 버선코 꽃망울 내미는 개나리, 들에는 냉이랑 달래가 다투듯 흙을 뚫고 나온다.

꽃이 피고 지는 기간을 봄날이라 하며 계절이 바뀌는 모양을 보고 봄날은 간다고 하였던가. 가는 봄날이 있으면 봄날은 어디서 오는 것인가. 오는 곳을 알아야 가는 곳의 바른 예측을 할 수 있는데 일본의 선승 이큐는 선시를 남겼다.

벚나무 가지를 부러뜨려 봐도 그 속엔 벚꽃이 없다.
그러나 보라 봄이 되면 얼마나 많은 벚꽃들이 피는가.

꽃 그리고 사람

겨우내 잠들어 있던 벚나무 가지 속에는 벚꽃이 없다. 어, 그런데 어디에 숨어 있다가 봄이 되자 활짝 피어났지?

실상은 봄이 오는 것이 아니라 꽃이 피고 지는 것을 바라보는 사람이 태어나고 태어남을 반복하는 것이라 하였다. 빠르고 느림의 정도는 있겠지만 만물은 변한다. 꽃에서 열매로 바위에서 모래로 어린이에서 노인으로 되고 있다. 이 같은 현상을 '물 흐르듯 시간이 흐른다.'에 비유하여 과거에서 현재, 미래로 진행되고 있는 것이다.

과연 누가 봄날이라는 시간을 보았으며 누가 시간을 조정할 수 있는가? 이 과제를 해결하기 위하여 바늘이 있는 시계를 만들어 초침을 움직여 분침이 이동하여 시침에 시동을 거는 것이다. 이를 보고 시간의 크기를 알게 되었고 '시간은 움직인다.' 하지 않았는가.

사람과 시간은 어떻게 얽히게 되었을까.

시간을 강물에 두고 사람들은 오래 전부터 실체를 알고자 하였다. 강은 변함없이 낮은 곳으로 흘러가며 시간도 강물처럼 흘러간다는 사실을 알게 된다. 태어남은 시간이라는 배에 오르는 순간이며 내리면 죽는 것이다. 사람은 그 시간 동안 희로애락을 경험하며 살아가는 것이다. 삶의 종류는 사람이 만들기도 하고 세월이 마련하기도 한다.

강가에 개나리 피면 강물은 노랗고 나무가 실록으로 단장하면 파란 물빛으로 변하고 산이 단풍으로 물들면 온통 붉은 색으로 눈이 오면 하얗게 된다. 강물은 모두를 수용한다.

시간이라는 배에 탄 사람이 앞을 보면 멀리 있던 경치가 다가왔다가 멀어지게 되어 미래는 현재 그리고 과거로 되는 것이다. 다가오는 경치는 시간의 전이 되고 지나는 경치는 후가 된다. 반면에 뒤로 보면 다가오는 경치를 보지 못하고 멀어지는 경치를 보게 되니 과거가 커지고 미래는 보지 못한다. 이 경우 지나가는 시간은 앞이 되고 다가오는 시간은 후가 된다.

생활에서 지나간 시간을 전(前)이라고 통용되고 있다. 이는 강물의 흐름에 등을 돌리고 있는 것이다. 시간의 탐구에 걸림돌이 되고 있는 것이 아닐까?

주어진 시간을 자기 주도적으로 사용하는 방법은 미래를 보고 현재를 살아가는 것이다. 정해진 시간은 유구하게 그대로이건만 말로써 헤아리려니 애매해지고 혼란스럽게 되는 것이 아닌지…….

바늘을 장착한 시계를 착용하면 시간을 몸의 일부분으로 여기게 되고 시간을 아는 듯 소유하는 듯하다. 그러나 과학기술의 발달로 더 정확하게 시간의 크기를 측정하는 시대가 되었지만 여전히 시간이라는 실체는 오리무중이며 풀어야할 과제로 남겨진다.

벚나무 가지 속에 벚꽃은 없지만 봄이 되면 많은 벚꽃이 피어나듯 만물은 그 모습을 지닌 채 시간의 물결을 타고 사람은 시간 속에서 새로운 생명이 태어나고 늙어간다.

'봄날은 간다.'는 청춘을 소중하게 여기라는 경구(警句)일 것이다.

진달래 피고 지고

붉은 소나무 가지로 하늘을 가린 어두침침한 산길을 고개 숙이고 걷는다. 앞이 트여 고개 드니 웅크린 검은 바위에 깊게 새긴 어금혈봉표(御禁穴封表)에 시선이 고정된다. 임금과 관련된 '御'자로 시작되니 격이 높은 내용이라 짐작은 되건만.

봉명산(鳳鳴山)은 시체를 매장할 수 없는 신성한 산이다. 바야흐로 봉이 울려고 목을 늘이고 날개를 퍼덕이려는 순간 상여가 들어오면 놀라 날아가 버리고, 온 산이 명당이라 겹겹 층층이 무덤으로 어지럽힐까, 우려되어 어명으로 묫자리를 금한다는 경고문이다. 잔뜩 주눅이 드는데 새김 바닥을 주색으로 마감되었다.

호젓한 숲속에서 붉은색을 대면하자 호랑이 혓바닥

보는 듯 으스스하구나. 식은땀 닦고 찬찬히 살피니 경계지점을 표시하는 표(標)가 적격이건만 왕에게 올리는 글을 의미하는 表로 하였다. 표를 세울 여유가 없이 긴박하게 진행되었나 보다.

어금혈봉표

경내에 들어선다. 봉황이 노래하고 낙남정맥의 열매가 맺힌 봉명산 기운이 모이는 지점에 절을 세우니 다솔사이다.

다솔사 와불상

봉황은 용과 학이 교미하여 낳은 상서로운 새로서 수컷을 봉, 암컷은 황이며 오동나무에 둥지를 틀고 대나무 열매를 먹는다. 청아한 소리로 울면 온 천하가 태평해지고 장수한다는 전설의 새이다.

적멸보궁을 들어서자 부처가 보이지 않는다. 살금살금 법당 가운데로 옮기자 부처가 오른손으로 머리를 받치고 옆으로 누워 다리를 포개고 있다. 앉아있는 부처에 익숙한 눈이라 한동안 어지럽고 상식을 심하게 휘저어 혼란스럽다.

이상하게 조금씩 마음이 안정된다. 열반에 들기 전 석가모니 모습이라 죽음에 대한 두려움이 없다는 태도이다. 열심히 마음공부 하면

생사를 초월한 경지에 오를 수 있다는 가능성을 보여 주는 것이려니.

와불의 길이만큼 연꽃무늬 유리창을 내고 석가모니 사리탑이 보인다. 인연이 있어 찾은 사람들이 연화대 입구 흐르는 물에 손을 씻고 탑전에 올라 합장하여 시계방향으로 사리탑을 돌고 돈다.

적멸보궁 계단을 내려오면 왼쪽에 卍海 한용운이 기거하면서 독립선언서 초안을 작성한 안심료가 있다. 마당에 맵시와 높이를 뽐내는 세 그루 측백나무는 만해 스님의 회갑을 맞아 지인들과 심었다는 자부심인 듯….

효당 스님은 인근 청년들의 교육을 위하여 경내에 광명학원을 세웠고, 강의는 김동리가 담당하였다. 그는 1934년 신춘문예 당선 이후, 안심료에 머물며 주변 이야기를 소재로 『등신불』, 『황토기』를 쓴다. 특히 당시 암울한 심정을 『진달래』에 담아내었다.

부도암을 지키는 노승과 아홉 살 먹은 상좌 성혜. 노승이 열일곱 살 소년 시절, 두 살 위인 이복 누이로 하여금 무서운 운명의 씨앗을 남겼고, 그 길로 머리를 깎고 중이 되었다. 그 핏덩이가 자라서 시집을 가서 성혜를 낳아 세 살이 되자 아비를 찾아와 맡기고 떠난다. 가끔 소년은 종일 진달래 속에서 묻혀 살았다. 어느 날 늦어 돌아오지 않아…. (중략) 소년의 가슴 위에 진달래 묶음 속에 독버섯을 발견한다. 소년의 손목은 이미 싸늘하였다.

가파른 비탈을 깔딱 숨을 쉬며 고개 돌리면 아름드리 소나무, 따라오며 피어있는 진달래에 힘을 받아 오르고 오르면 전망대이다. 둘

진달래 소설 무대 보안암

러보니 절반은 남해 바다요 나머지는 산이다.

전망대 내려 능선을 조금 가면 봉이 우는 봉명산 표지석이 있다. 바로 옆에 누군가 어린이 키 높이 돌탑을 쌓고 가슴께에 올려놓은 진달래 시들고 있다.

봉이 보통 새라면 암컷을 부르겠지만 봉과 황은 남매 관계라고 하니 울지 않는 것인지, 지구 자전 소리를 인간이 듣지 못하듯 천하 태평을 위하여 우는 소리 못 듣는 것이 아닌지, 지금껏 울고 싶어도 아직은 울 때가 아니라 기회를 기다리고 있는 것인지.

내리막길을 안전줄을 잡고 한 발 한 발 옮기자 땀이 비 오듯 한다. 고개 들고 걸음을 멈춰 솔가지 사이로 김동리의 『진달래』 배경

이 되는 바위 굴 속에 부처를 모신 보안암과 저 멀리 이명산을 조금 보여준다.

진달래 울타리 길을 따라 한참 내려가면 꿩이 즐겨 찾는 옹달샘에서 물 한 바가지 마시고 돌아오는 길은 붉은 소나무 터널을 이루는 오솔길. 맨발로 흙을 밟으니 너무너무 시원하다. 솟대에 내려앉은 봉황의 환영을 받으며 너더랑을 지나면 마음은 상상의 나래를 펴고 창공으로 뭉게뭉게 피어오른다.

한 번쯤, 봉명산을 찾아 진달래 피고 지는 사연을 이야기하며 꿩 소리 봉의 노래인 듯 귀를 기울이며 걷다 보면 가슴이 새털처럼 가벼워진다.

구곡장춘

두륜산을 찾았다. 능선이나 물줄기를 지역 경계로 삼는 것은 구분하기 편리함에 있다. 바람이 능선을 넘으면 기후가 달라지고 물은 아래로 흘러 확실한 경계선이 되기 때문이다. 물이 돌고 돌아 계곡으로 모여 내를 이룬다. 고도에 맞춰 펼쳐내는 봄의 연속을 볼 수 있어 장춘(長春)이라 하는가 보다.

산굽이 따라 물에 접하여 길을 내면 경관이야 좋겠지만 비 오면 잠기고 끊어지고, 곧게 내자니 아홉 개 굽이(九曲)마다 다리로 연결하여 구교(九橋)가 되는구나.

현무교를 건너 포장도로 갓길을 걷자 차분해지는데 가끔 차량이 요란한 소리를 남기고 지나간다. 사철 파란 잎을 간직한 동백잎 사이로 듬성듬성 꽃이 보인다. 꽃잎은 떨어질

대흥사 일주문 동백

준비를 하면서 아직은 아니라는 듯 가지 뒤에 숨었다.

시원하게 뻗은 편백의 몸매에 슬금슬금 눈길을 주다 보니 구름과 소나무라는 운송교를 만난다. 오른쪽으로 계곡, 동백 숲속 길을 오르자 400년 한옥에 100년 전부터 여관으로 운영되고, 서편제 촬영지로 알려진 유선관이다. 문턱에 한발 들어 넣었다가 아직은 아니라 거둬들인다. 사바세계에서 건너 세계로 가는 피안교를 만난다. 급격히 좌로 방향 돌려 오르는 길가 울타리에 시판이 걸렸다.

두륜산 대흥사 거쳐 일지암에 닿으면 초의선사가 차 한 잔 내어준다.
차 향기 그윽하게 입안에 맴돌아 따스하게 마음 녹여
인생의 구름 한 점 가슴 위에 띄워준다 - (해남문학회, 박종욱)

반야교 건너자 조그만 연못 주변에 동백나무 하늘을 가리고 있다. 낮은 의자에 행장 내려놓고 잉어가 놀고 있는 광경을 떠올리며 시선을 고정시킨다. 물이 탁하지만 물고기를 볼 수 있겠지, 욕심 내보건만 물결 하나 생기지 않는다. 물고기 존재 시비를 가린다는 것은 망상을 더하는 꼴이다.

'텅~텅' 둔탁한 소리, 동백꽃이 떨어지고 있다. 깔린 낙엽에 반동되어 튀어 오르더니 제자리를 잡는다. 손 내밀어 요리조리 살핀다. 무릇 꽃잎은 날개로 바람 타고 뱅글뱅글 떨어지거늘 동백꽃은 목 부분에서 가지와 분리되어 통째로 떨어지니 둔탁한 울림으로 들리는구나. 시나브로 떨어지면 애절함을 느낄 시간이 있으련만 어이하여 동백은 꽃잎 채로 떨어져야 할까.

연못 속 물고기를 보지 못했지만 동백에서 큰 발견이나 하려는 듯 주변을 어슬렁거리자 멀찍이 동백나무 아래에 해답을 만들어 놓았다. 여기저기 엎어지고 누운 모습은 한바탕 전투가 지나간 전장터, 누군가 떨어진 동백꽃을 하트(♡) 모양으로 모아 사랑의 노래를 들려주고 있다.

대흥사 해탈문 지나 고개 드니 안내판이 나타난다. 세 개의 산봉우리가 있는데 좌에서 우로 눈을 돌리면 부처 발, 비로자나부처 수인, 부처의 얼굴이라고 이름을 붙였다. 두 손을 가슴과 배에 얹고 베개를 받치고 하늘을 보고 누워 있다. 계곡 길 올라오면서 보지 못했던 진기한 풍물을 보니 심신이 치유된다.

그런데 비로자나부처 수인 부분만 본다면 몸은 구름에 가렸고 앉아 있는 부처이다. 그 자세에서 부처 오른손은 보는 사람의

관점에서 왼손이 되니 부처 오른 손을 왼손이라고 주장하게 되겠다. 또 부처 머리를 왼쪽에 두고 누웠다면 왼손으로 표기된 그 손은 실제 부처 형상이다.

부처를 부처로 봐야 바른 친견이지 주관으로 부처라고 하면 각자 부처가 생기게 되니 어디 공유되는 부처라 할 수 있겠는가.

지극한 이치를 깨닫는 것은 어렵지 않아서
오직 분별하고 선택하는 마음을 버리면 되나니
단지 싫어하고 좋아하는 두 마음을 가지지 않으면
모든 이치를 꿰뚫어 환히 알게 되느니라 - (신심명)

대흥사 성보박물관에 들렀다.

무량수각(无量壽閣)이 눈에 들어온다. 굵은 선에 기운이 넘치는 추사 김정희 필체이다. 시선을 소용돌이치게 하는 것으로 없을 무(無)를 无로 나타내었다. 无는 無의 옛 글자이다. 금석학 대가의 자만심을 엿보게 한다. 어이하여 높게 달려야 격에 맞는 무량수각이 바닥에 놓인 유리 상자 속에 자리 잡게 되었을까. 사람의 눈높이에서 보자니 의혹이 생기는 것이려니.

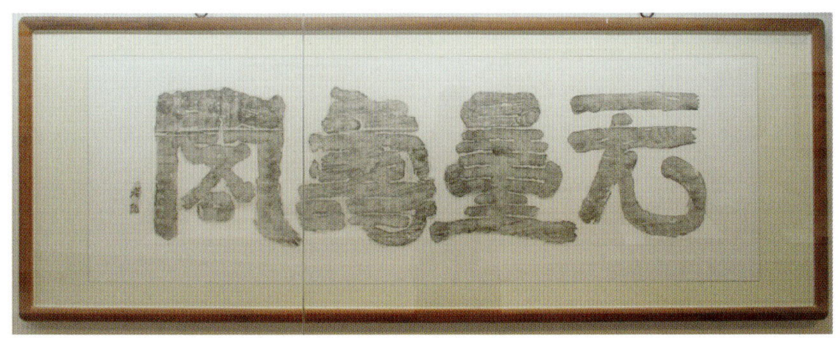

추사는 제주도 귀양길에 대흥사에 들른다. 원교 이광사가 쓴 대웅보전(大雄寶殿) 현판을 보고 동갑이고 친구인 초의에게 호통 쳤다.

> "조선의 글씨를 망쳐 놓은 사람이 이광사이거늘, 어찌 그가 쓴 현판을 버젓이 달아 놓는다 말인가."

초의는 추사가 써준 무량수각을 달게 된다.

추사는 귀양살이 끝내고 대흥사에 들러 초의에게,

> "내가 귀양길에 떼어내라고 했던 원교의 현판은 어디 있는가. 내 글씨 떼고 그것을 다시 달아주게. 내가 그때는 잘못 보았어."

귀양살이로 몸 낮추고 겸손을 터득했다는 것인지 원교 글씨를 제대로 이해했는지 알 수 없지만 겸양을 보인 것임에 틀림없다.

사연 있는 현판을 보기 위하여 대웅전으로 걸음을 옮겼다. 심진교 건너 청계루 밑을 지나면 북원에 위치한 대웅전이다. 사각형 편액에 세로로 두 글자씩 대웅보전(大雄寶殿)이다. 특이하게 움직임을 보여주는 필체이다.

심진교 건너 나오자 오래된 느티나무 두 그루가 마주 보고 있다. 좌측 나무는 두 줄기로 시작되고 우측은 울퉁불퉁한 몸통을 보여주고 있다. 왼쪽은 음, 오른쪽은 양의 형태를 보여주고 있어 남녀가 사랑을 하고 있는 듯하다.

연리가 무엇인가.

가까이 자라는 나무가 만나 합쳐지는 현상을 말하는데, 오랜 세월 함께하며 햇빛을 향해 바람 따라 서로 부대끼고 겹쳐져 하나가 되는 것이다. 가지가 만나면 연리지, 줄기가 만나 연리목, 뿌리가 만나니 연리근이다. 인연이 있어 만나 하나가 된다는 뜻으로 연인 사랑, 부부 사랑, 부모 사랑에 비유되어 사랑 나무로 불린다. 청춘 남녀 손잡고 기도를 하고 있다.

일지암의 一枝라!

가지에 잎이 나고 꽃이 맺히는 것은 근본이라 올라오는 잎사귀, 피어난 꽃을 보는 것도 즐거움이며, 잎을 따서 차로 마시는 맛도 일품이겠구나.

올라간 만큼 내려가겠지. 마음을 다독거리며 일지암에 도착했다. 지붕을 짚으로 덮고 문에는 한지를 바르고 비닐로 이중 장치를 하였다. 마루는 좁아 엉덩이를 겨우 내려놓을 정도이다.

일지암 동백

초의선사는 1826년부터 40년 동안 일지암에 머문다. 암자를 세우고 당나라 시승 한산의 '뱁새는 언제나 한 마음이기 때문에 나무 끝 한 가지 一枝에 살아도 편안하다'에서 차용했다.

연못 속에 네 개 돌기둥을 세워 만든 가옥이 있다. ㄱ자형으로 안쪽 좌측 한 칸은 연못 위에 뜬 마루이다. 찻상이 놓여 있고 방금까지 차 마시고 일어선 듯 방석에 흔적이 남았다. 쪽문 열고 나오는 주인이 낮은 목소리로 자리에 눌러 앉히는 환상이 보인다.

"이 보게나, 차 한잔하시게!"

문 열면 연못을 내려다볼 수 있는 두 칸 방이 연달아 있고, 대들보에 나무 기둥 양면을 깎아 자우홍련사(紫芋紅連社)이라 양각하고 파란색을 입혔다. 초의선사 살림집이다.

일지암 앞에 녹차밭 조성, 뒤에는 물줄기 찾아 대롱으로 물을 흘

려 3단 석조에 모아 햇볕으로 양기를 더하고, 그 물을 천천히 끓이고 녹찻잎을 띄우면 차가 된다. 한 모금 마시고 연못 한 번 내려다보고, 또 한 모금 마시고 매화 가지 한 번 보고….

연못가 동백은 듬성듬성 꽃을 피웠다. 다섯 꽃잎이 반쯤 오므리고 개화 시간을 다투고, 매화 가지에 솟은 동그란 봉오리는 봄비 머금고 수줍어한다. 아래 동네는 벌써 꽃이 떨어지고 열매가 구슬만큼 커졌는데….

내려가는 발걸음은 가볍다. 무릎을 들면 몸은 자동으로 내려가니 어깨에 힘이 솟는다. 사람들이 모여 떠들고 연신 사진을 찍는다. 관음전 담 안에 홍매화가 피었다. 동백꽃은 파란 잎 속에서 모양을 드러내지만 홍매화는 잎이 받쳐 주지 않는구나.

구곡이라 아홉 다리를 건너야 하건만 나머지는 다음으로 미뤄야

겠지. 다리 밑은 보지 못하고 평지 걷듯 하였는데 무엇을 보며 느꼈단 말인가. 굽이마다 돌아 흐르는 물맛이 다르듯 기후 따라 봄을 펼쳐 장춘이라 하지 않았는가.

계곡의 생명은 오래전에 시작되었고 지금도 진행 중이라 사람 수명으로 비교될 수 없으니, 모든 것이 신기하고 놀라운 사실들이 있을 뿐이다. 모든 것은 구곡장춘(九曲長春) 단어 속에 녹아 있건만 얼마나 알 수 있으리오.

그 향기 이제는 뭐라 하지

옥산 아래 동네에서 유년기를 보냈다. 전망 좋은 산자락에는 기울어진 망주석에 커다란 무덤이 있었다. 한낮이 지나 소 몰고 집을 나선다. 무덤 주변 나무 또는 말뚝에 고삐를 매고 신나게 논다. 두 패로 갈라 망주석 하나씩 본부로 땅따먹기를 한다.

햇살이 약해지면 대장이 정해주는 지점으로 소를 몰고 갔다가 고삐를 목에 감든지 뿔에 걸고 엉덩이 철썩 때리고 개미 장가보내기 등 놀이 속으로 빠져든다.

해가 옥산 너머로 기울면 특공대장을 따라 능선으로 소떼보다 멀찍이 올라가 대형을 이뤄 소를 집결지로 몰아온다. 요란한 풀벌레 소리에 맞춰 기마전을 펼치고 어스름이 깔려 심신이 나른해지면 조별로 노래 대항을 한다. 무대는 무덤 앞 상석이다. 독창으로 시작하여 순식간에 전깃줄에 앉아 입을 짝짝 벌리는 참새를 닮아간다.

고향땅이 여기서 얼마나 되나
아카시아 흰 꽃이 바람에 날리니

인생이 진한 붉은색으로 변해갈 즈음 문학기행을 하게 되었다. 5월 말 익산 왕궁리로 향하는 버스에 올랐다. 여행은 언제나 즐겁고 심신을 들뜨게 하고, 근엄한 표정에 무겁기만 하던 분위기가 대화모드로 바뀐다.

점차 아카시아꽃이 나타난다.

그 향기는 차창에 막혀 콧속에 들어오지 않지만 시각은 빛보다 빠르고 느낌은 제동장치 없어 모두 가슴에 그 꽃이 피었다.

무심결에 "아카시아 흰 꽃이 바람에 날리니" 흥얼거렸다.

동행인이 정색을 하며 "아카시입니다. 아카시아가 아니고…."

아카시아 나무는 열대지방에서 자라며 기린이나 코끼리가 잎을 즐겨 먹고 꽃은 노란색이란다. 1910년대 일본이 조림용으로 들여와 아카시아로 불리게 되었다나.

이제 와서 어쩌란 말인가.

하얀 꽃이 바람에 날리고 그 향기 고향의 냄새이건만 '아카시'라 하네. 아카시아 보러 아프리카까지 가야만 하는가.

교화는 목련화 제격이다

근무 학교 상징나무는 향나무이며 교화는 목련이다.

향나무 사시사철 푸른 잎은 정직, 곧게 뻗은 가지는 냉정한 판단력, 은은한 향기는 배려와 봉사, 목련은 이른 봄까지 날마다 자라 가지 끝에서 개화하여 선구자, 고귀한 사랑 등의 상징성을 가진다고 정리되고 있다.

향나무는 다양한 생장 과정을 거쳐 관찰학습의 좋은 소재로 되고 있다. 가지 색깔은 초록색에서 적갈색으로 다년생은 자갈색이며 오래된 향나무 수피는

얇게 벗겨지고 흑갈색을 띠며 비늘잎이다. 새순은 부드럽다는 특성이 있는데 향나무 초년생 잎은 3개씩 어긋나거나 모여 나며 만지면 상처가 날 정도로 날카로운 바늘잎이다. 시간이 지나면서 둥글게 되어 비늘 모양을 갖추어 마치 저학년일수록 장난이 심하며 올라갈수록 신중해지는 태도를 닮았다.

향나무 향기는 정신을 맑게 하고 악취를 제거하는 기능이 탁월하다. 의미 있는 말로 '향나무는 자기를 찍은 도끼날에도 향을 묻힌다.'고 하였다.

스승이 제자 데리고 길을 가다 떨어져 있는 종이를 발견하고 냄새 맡아보라고 한다.

"그 종이는 무엇에 쓰였던 것이냐?"

"향을 쌌던 종이인 듯합니다. 종이에서 향내가 납니다."

스승은 길에 새끼줄이 떨어져 있어 주워 탐색하라 하자 생선 묶었던 것 같다고 한다. 스승은 향을 쌌던 종이에서 향내가 나고 썩은 생선을 묶었던 새끼줄에서는 비린내가 나게 마련이다. 사람이 살아가면서 어떤 사람을 만나 친구가 되고 이웃이 되느냐에 따라 운명은 변하는 것이라 좋은 만남을 강조한다. 만남의 대상은 사람을 넘어 주변 사물, 책이 될 수 있을 것이다.

목련은 목련과에 속하며 낙엽 활엽 교목이라 교목(喬木)은 높이가 5~6미터 넘는 나무를 말한다.

목련의 꽃눈은 붓 모양 같아 목필이라 하며 점점 자라 꽃잎이 되

는데 하나같이 꽃봉오리는 북쪽을 향한다. 왕은 북쪽에 위치하여 남쪽을 향한다. 백성들은 북쪽을 향하여 고개를 숙인다. 이 같은 꽃봉오리를 보고 충절의 꽃이라 불렀다.

그런데 이는 꽃눈의 남쪽 부위가 반대쪽보다 햇빛을 많이 받아 자람이 빨라 북쪽으로 휘어지게 되는 것으로 바이메탈 원리를 설명할 수 있는 학습 소재가 될 수 있다.

봄에 많이 불리는 가곡의 가사에 「목련화」로 소개되고 있다.

오 내 사랑 목련화야, 그대 내 사랑 목련화야
희고 순결한 그대 모습 봄에 온 가인과 같고
추운 겨울 헤치고 온 봄 길잡이 목련화는….

목련을 나무 연꽃 또는 나뭇가지에 피는 '연꽃'으로 해석한다면 꽃이 되겠지만 엄연히 목련화라는 단어가 있어 목련을 나무로 정의해야 할 것이다.

활짝 핀 목련화

목련을 문맥에 따라 나무 또는 꽃으로 구별할 수 있지만 학교는 배움터이다. 학생에게 지식의 구조상 포괄적인 학습이 필요하기에 교화로서 '목련화' 표현이 적절하다.

수령 60년은 되어 보이는 아름드리 목련이 교내에 8그루 있다. 개교 기념식수이다. 별관 옆 나란히 두 그루 매서운 골바람 이기고 가지 끝마다 하얀 꽃을 내밀었다. 셀 수 없이 많은 꽃봉오리는 같은 방향으로 만개한 모습이 장관이로다. 여기에 의미를 두고 학교 꽃으로 삼았을 것이다.

진주성 석류꽃

진주성 촉석문 앞에 대나무 기둥으로 자연석을 받치고 변영로의 「논개」를 새겼다.

아리땁던 그 아미 높게 흔들리우며
그 석류 속 같은 입술 죽음을 입 맞추었네
아 강남콩 꽃보다도 더 푸른 그 물결 위에
양귀비꽃보다도 더 붉은 그 마음 흘러라

문턱을 넘자 촉석루는 옆모습을 보여준다. 원형 주춧돌 위에 희고 매끈한 가로 5개, 세로 6개씩 대리석 기둥이 마루를 받치고, 마루에 26개 기둥이 지붕을 떠받치고 있다.

왼쪽 첫 번째 기둥에 진양성 바깥엔 강물이 동으로 흐르

論介
樹州 卞榮魯
거룩한 분노는
종교보다도 깊고
불붙는 情熱은
사랑보다도 강하다
아 강낭콩꽃보다도 더 푸른
그 물결 위에
양귀비꽃보다도 더 붉은
그 마음 흘러라
아리땁던 그 蛾眉
높게 흔들리우며
그 石榴속 같은 입술
죽음을 입맞추었네
아 강낭콩꽃보다도 더 푸른
그 물결 위에
양귀비꽃보다도 더 붉은
그 마음 흘러라
흐르는 江물은
길이길이 푸르리니
그대의 꽃다운 혼
어이 아니 붉으랴
아 강낭콩꽃보다도 더 푸른
그 물결 위에
양귀비꽃보다도 더 붉은
그 마음 흘러라

진주성 변영로의 논개

고(晋陽城外水東流)라는 주련이 걸렸고 중앙 계단 처마 밑에 촉석루(矗石樓)라는 현판이 있다. 글자에서 오는 중압감이 눈을 부릅뜨게 한다. 마루를 지나 남강 쪽에 힘이 넘치는 남장대(南壯臺)의 현판 아래에서 목을 길게 빼고 남강을 바라보니 다리에 힘이 오른다. 30개 대리석 기둥에서 안정감을 얻음이로다.

덕천강과 경호강이 합류된 남강이 망진산 기슭을 연하여 흘러왔다가 나가는 형상은 활대이며 현 위치는 줌통에 해당함을 알겠노라. 이는 높은 마루에서 내려다보기 때문이며, 발밑에 간담 서늘하게 하는 낭떠러지와 시퍼런 물은 매사 경계하고 몸 낮추라는 가르침이다.

矗石은 호정 하륜의 「촉석루기」에서,

담암 백 선생은 강 가운데에 뾰족뾰족한 돌이 있는 까닭으로 누 이름을 촉석(江之中有石矗矗 故樓名曰矗石)이라 한다. 이 누각은 김 공이 짓기 시작하였고 안상헌이 두 번째로 완성하였는데, 과거에 장원한 분들인 까닭에 장원루라 하였다.

촉석루 담 밑에 안내판이 있다.

진주에서 지어진 최초 시로서 고려 고종 28년(1241)에 진주목사 김지대가 상주목사 최자에게 보낸 「진양풍월역선향(晉陽風月亦仙鄕)」라는 통신문이다.

작년에는 강루에서 진주로 떠나는 나를 배웅하더니

진주 촉석루

금년에는 그대도 목사가 되었구려.
전에는 그대 얼굴이 옥같이 고왔지
우리 더 늙기 전에 다시 한번 놀아 봄세
낙읍의 계산이 비록 좋기는 하나,
그래도 진양 풍월이 선향이라네
두 고을은 길이 멀어 만나기 어려우니
잠시 한번 헤어지면 이별의 아쉬움이 오래 가지
거문고 책 뒤져 좋은 옛 노래 찾아,
가을에 염막에서 놀아 봄이 어떠랴
추석에 만나자는 약속은 어겨졌으니,
이번 중양절에 국향주 마시려
다시 약속함세.

임진왜란 진주성 전투에 시한폭탄의 비격진천뢰와 수류탄에 해당하는 질려포가 사용되었다. 1차 전투는 소수의 병력이지만 염초 150근과 총통 170자루 제작 등 철저히 준비된 전투였다. 석류 열매는 주먹돌처럼 주렁주렁 달리는데 마치 수류탄을 걸어놓은 듯한 10월 초순에 벌어져 대승을 거두었다.

2차 전투는 이듬해 석류꽃이 피는 6월 하순, 장마철이라 화약의 위력을 보이기 어렵고 일본군 전면전으로 성이 함락되어 7만 민군관이 순사하였다. 진주성 전투는 석류꽃과 석류로 대변된다.

촉석루에 석류가 제격인데 어디에 있을까.

출입문 좌측에 한그루가 있고 중간 가지에 꼬리표가 걸렸다. 세 번째 계단 앞에 한그루, 의기사 안내판 뒤에 한그루, 의기사로 올라가는 계단 옆에 세 그루, 지수문을 지나 좌측에 한그루 있어 촉석루 경내 여섯 그루, 의기사 구역에 한그루이다.

석류꽃은 꽃받침이 발달하여 꽃 통이 길고 종 모양을 이루며, 끝이 여러 개로 갈라지고 여섯 장의 꽃잎이 진한 붉은 빛으로 핀다.

송나라 시인 왕안석은 석류꽃을 온통 푸른 잎사귀 가운데 피어난 한 송이 붉은 꽃, 사람 마음 들뜨게 하는 봄빛은 굳이 많을 필요가 없네(萬綠叢中紅一點, 動人春色不須多)라고 노래하여 홍일점이란 말이 생겨났다.

율곡은 외할머니 등에 업혀 골목길을 돌아 나오다가 이웃집 담벼락에 열린 석류를 보고 석류 껍질은 부서진 붉은 구슬을 안고 있네(石榴皮裏碎紅珠)라고 읊었다.

지나는 나그네 어찌 감흥이 없겠는가. 무딘 볼펜심을 굴려본다.

남강이 활대를 이루고 촉석루는 줌통이라네
진주에서 지어진 최초 시는 우정 어린 통신문
진주의 아름다운 산천은 영남에서 제일이라 하였네
석류꽃은 홍일점이고 석류는 붉은 구슬이라 노래하니
에나로 진주 꽃이며 논개 혼을 닮았구나

大를 걷게 한 사람은 가고

강진군 도암면 만덕사가 있다.

일주문 처마 밑에 만덕산백련사라는 현판을 지나자 안내판은 백련사 동백나무 숲을 설명하고 있다.

이 길은 국가지정천연기념물이다. 다산초당과 백련사를 잇는 길목에 7미터 되는 동백나무 1,500여 그루가 숲을 이루며 그 중간 중간에 보이는 아득하고 아늑한 바다 풍경은 숨 막힐 듯 아름답다. 동백나무숲을 즐길 때는 말없이 사색하며 거닐어야 한다. 동백꽃들이 뚝뚝 떨어진 붉은 숲을 볼 수 있는 행운을 얻었다면, 더욱 조용히 가슴으로 꽃들이 하는 말을 들어보자.

정약용이 백련사 주지 혜장 스님과 우정을 맺은 이후, 만덕산 야생차를 즐겨 마시고 아호를 만덕산의 별칭인 다산

만덕산 동백

(茶山), 거처하던 초가를 다산초당이라 하였다.

다산초당 뒷길 대울타리 입구에 다산의 심회를 엿보게 하는 글이 있다.

> 찌뿌듯한 하늘이 맑게 갠 어느 봄날, 냉이밭에 하얀 나비가 팔랑거리자 다산은 자기도 모르게 초당 뒤편 나무꾼이 다니는 길로 발걸음을 옮겼다. 보리밭을 지나며, "나도 늙었구나. 봄이 되었다고 이렇게 적적하고 친구가 그립다니."

백련사 혜장선사를 찾아가는 길이다. 벗될 만한 이가 없는 궁벽한 바닷가 마을에서 혜장은 다산에게 갈증을 풀어주는 청량제 같은 존재였다.

혜장은 해남 대둔사 출신의 뛰어난 학승이었다. 유학에도 식견이

백련사 가는 오솔길

높았던 그는 다산의 심오한 학문 경지에 감탄하여 배움을 청했고, 다산 역시 혜장의 학식에 놀라 그를 선비로 대접했다. 두 사람은 수시로 찾아 학문을 토론하고 시를 지으며 차를 즐기기도 했다. 혜장이 비 내리는 밤에 기약도 없이 다산을 찾아오곤 해서 다산은 밤늦도록 문을 열어 두었다.

만덕사는 신라 문성왕 원년(839) 무염대사가 창건하고, 고려 1211년에 원묘국사 요세 스님이 중창하면서 백련사(白蓮社)라고 고쳤는데, 절 이름을 사(社)로 한 것은 최씨 무신정권 이후, 요세 스님이 문벌귀족 체제와 결탁한 기존 불교계에 대항하여, 천태종을 주창하면서 사찰 개혁운동인 백련결사를 전개할 때 이곳을 중심지로 삼았기 때문이다. 정혜결사를 주장하는 송광사 지눌 스님의 조계종과 양

이광사 대웅보전 '대'

대산맥을 이룬 백련사는 이후, 120여 년 동안 8명의 국사를 배출한 거찰로서 원묘국사는 마지막 국사이기도 하다.

백련결사 당시에는 승려가 일천여 명, 절집은 80여 칸이나 되었지만, 왜구들의 약탈과 조선 건국 후 사찰은 퇴보하여 거의 폐사 지경에 이르렀다. 세종 9년(1426) 주지 행호 스님이 2차 중수를 하면서 옛 모습을 되찾기 시작했는데, 1430년 전국을 유람하던 세종의 둘째 왕자 효령대군이 백련사에서 8년 동안 기거하는 동안 크게 중창했다.

백련사는 대웅보전과 절집들이 한 줄로 가지런히 배치돼 있다. 먼저 해탈문 앞에서 옷깃을 여미고 발걸음을 옮긴다. 만경루 아래를 지나면 1760년 화재로 불탄 것을 1762년 복원한 대웅보전이 있다.

팔작지붕 대웅보전(大雄寶殿) 현판은 추사 김정희와 쌍벽을 이루는 원교 이광사 글씨, 그는 1755년부터 완도 옆 신지도에서 16년간 유배생활 하던 중 대웅전 중건 때 백련사를 찾아와 써준 것이다.

大雄과 寶殿을 세로로 각각의 판에 쓰고 두 개를 나란히 붙였다. 大자의 모양이 특이하다. 선이 굵고 꿈틀꿈틀한다. 大는 서 있는 사람의 모양에서 따온 글자, 첫 획(一)을 사람의 어깨와 팔을 나타내는 좌측이 조금 낮고 손끝을 살짝 들고 뒤쪽 어깨는 들리고 팔 끝을 아래로 굽혔다.

둘째 획은 머리와 앞발을 나타내는데, 붓을 먹물에 잔뜩 담가 시작을 뭉텅하게 찍어 사람 머리를 왼쪽을 향하고, 무릎을 올리고 장판지는 탄탄한 근육을 나타내고 발끝은 좌로 향한다.

셋째 획은 뒷발로 충분히 벌리고 획의 끝을 좌로 비켜 올려 머리와 일치된 동선을 나타낸다. 이는 당대의 서예가로서 실수로 보기 어렵고 의도적으로 발 방향을 나타내고 있다. 글자라기보다는 걷는 사람을 그렸다고 볼 수 있다.

천년고찰 대웅보전 편액에 이광사의 大자는 어떤 메시지를 주려하는 것일까. 글쓴이는 가고 붓 끝에서 나온 걷는 大자는 남아 어떤 마음을 전하려 빛바랜 그 모습을 부여안고 있을까.

몽골 야생화

비행기는 바람을 가르며 북서쪽으로 날아간다.

앞좌석에 얼굴이 둥글고 체구가 작은 여인이 강보에 싸인 아기에게 젖을 물리고 있다. 가끔 의자 너머로 눈길이 간다. 비행기가 수평 고도를 잡자 승객들이 안전띠를 풀고 의자에서 일어나자 혼잡한 공기 진동을 감지했는지 아기가 운다. 엄마가 젖을 내어 입에 물리자 울음을 그친다.

9000미터 상공을 시속 2천 리로 날아 200분 걸려 비 내리는 칭기즈칸국제공항에 안착했다. 아기를 깨워 업는 여인의 짐을 내리며 끌고 가겠다고 하자 고개를 숙여 허락한다. 아기 얼굴에 가까이

하며 '까꿍' 하자 환하게 웃는다. 아기 엄마에게 몇 개월이냐 묻자 더듬는 말로 4개월이라고 한다.

"칭기즈칸의 후예 혹은 단군의 후손?"

"칭기즈칸"

체체궁산 등산이다. 가파른 풀밭을 지나고 울창한 침엽수 숲을 벗어나자 멀리 바위산이 보인다. 돌 틈에 옹기종기 앉아 도시락으로 배를 채우고 정상에 올랐다. 바람이 세게 분다. 시루떡 같은 바위가 빙 둘러싸고 있다.

여기저기 장대를 세우고 파란, 노란, 빨강, 흰색의 천을 달았다. 장대에 여러 갈래로 끈을 매어 늘이고 천을 달아 바람을 맞아들이고 있다. 초등학교 운동회 만국기처럼, 공터 가운데 제단을 쌓고 수호신상을 모셨다.

이튿날은 엉크츠산 트레킹이다.

능선 따라 전나무 사잇길을 걷는다. 낙엽을 밟으니 발걸음 가볍고 경쾌하다. 일행은 야생화를 보며 아름다움에 감탄하고 카메라를 들이댄다. 산비탈 온통 노란색이다.

야생화에게 왜 아름답게 보이는가. 묻는다면 밤낮의 기온 차가 극심하고 시간이 짧아 필사적으로 피울 뿐이라고 대답하지 않을까. 왜 노란색이냐 묻는다면 곤충의 눈에 노란색이 강한 자극을 준다고 할 것이다. 떨어지기 직전의 색이 유난히 눈에 들어온다. 이를 처연하다고 해야 하지 않을까. 나이를 먹을수록 희색 정장이 어울리듯,

하영식 리더의 제안으로 야생화밭에서 노래 부르며 시를 읊고 감흥을 정리하였다.

문학 소년이었다는 박인제 선배는 시를 읊는다.

엉그츠산 야생화 밭에서

이름을 불러 달라 눈짓하여 무엇하랴
제멋 겨워 흐드러진 천상의 들꽃들이

진주라 비봉산악혼 들불처럼 피웠네

떠나오며

푸른 반점 깊이 안은 이 몸들에 뛰는 피
북방초원 내달린 기마민족 거친 기상
두류도 좁다던 뜻에 되새기며 떠나네

칭기즈칸 기마상.

왼쪽 허리에 반달형 칼 차고 왼손은 주먹을 쥐어 무릎에 붙였다. 지휘봉 머리를 안장에 받치고 오른손바닥을 지휘봉 손잡이에 얹어 오른팔은 들려 있다. 말은 네발을 바닥에 대어 안정감과 위엄이 넘친다. 말과 사람의 시선은 칸의 고향을 본다.

칸은 파발마 제도를 세계 최초로 도입하여 3일 내 제국에 공문이 전달되었다. 빠른 것이 능사가 아니라 3일만 참으면 세상이 바뀐다는 말이 생겼다 한다.

칭기즈칸은 후계자 선정에 고심한다. 장남 주치는 영웅답고 재주가 뛰어나다. 그런데 포로가 되었다가 돌아온 왕비 소생이라 뿌린 씨의 임자가 애매하여 정통성에 휩싸이게 되고, 둘째 차카타이는 성격이 급하고 형을 무시하였다. 칸은 가족과 부족장을 모아 놓고 "나의 큰아들은 주치이다. 너희는 어떻게 생각하는가?"

둘째가 불복을 하고 형과 싸운다. 칸은 지켜보면서 주치는 마음속의 상처가 너무 크고, 둘째는 두뇌가 단순하며 사지가 발달하여 장군은 될 수 있지만 칸으로 부족하다. 말없이 잘 따르는 셋째를 후계자로 삼으니 쿠빌라이.

게르는 유목생활에 적합한 집이다.

공기가 청정하니 머리 감을 필요가 없고 땀은 바람에 건조되고 최소한의 물이 필요하다. 소나 말똥으로 난방이 되어 절제된 주거 공간을 가졌다. 천장이 낮아 바람의 영향을 적게 받으며 건축 자재

가 간단하여 이동이 용이하다. 룸메이트 4명은 초원의 왕이 되어 별과 달을 보며 밤새워 이야기하였다.

국내에 알려지지 않은 인물의 행적을 볼 수 있었다.

자작나무 숲속 통로 끝부분에 한국에서 운반한 거대한 대리석에 '이태준 기념 공원'이라 새겼다. 이태준 호를 붙인 대암정(大岩亭), 이태준기념관을 세우고 주변을 노란 구슬 같은 꽃봉오리를 달고 있는 야생화를 심었다. 엉크츠산에서 보고 감탄했던 꽃이다.

선생은 1883년 11월 21일 함안군 군북에서 태어나 1911년 세브란스의학교를 졸업한다. 김필순, 주현칙 등과 도산 안창호 선생이 만든 청년학우회에 가입, 1914년 김규식 선생과 군관학교 설립을 목표로 울란바토르로 이동한다.

동의의국이라는 병원을 개설하여 독립운동 연락 거점으로 활용한다. 상해 임시정부에 독립자금을 운반하고 의열단 활동을 하였다.

성병 퇴치에 앞장서 몽골 사람들은 그를 여래불 대하듯 하고 몽골 마지막 왕인 복드 칸의 어의가 되었다. 1921년 일본군과 내통하고 있던 러시아 백군에 의해 38세의 나이에 피살당했다. 이태준 선생이 뿌린 인술은 몽골 산과 들에 꽃으로 살아나 영원할 것이다.

풍성한 만찬으로 느긋한 분위기에 회장 김익섭 주변으로 모여든다. 쉬운 대화에 깊은 맛과 삶의 지혜가 묻어 있기 때문이리라. 그는 나이를 먹을수록 자연의 섭리를 잘 알게 된다고 예를 들어 설명하는데, 달 밝은 어젯밤에 게르를 나와 바람 부는 초원에 두 발 깊숙이 박고 오줌을 갈긴다. 다리가 시원하여 고개를 숙이니 바지로

오줌이 떨어지더란다. 몸을 돌려 바람과 같은 방향으로 서니 오줌발이 멀리 나아가고, 오줌발이 바람보다 약하면 바람에 따르는 게 자연의 이치에 순응하는 것이란다.

비행기에서 만난 아기와 눈맞춤하던 장면이 떠오른다. 친밀감을 왜 느낄 수 있었을까. 그 눈동자에서 '아저씨와 나는 같은 몽고반점을 가졌지 않느냐'는 메시지를 보낸 것이 아닐까.

몽골 바람은 그냥 지나가지 않는다. 이 골짜기에서 저 골짜기로 소식을 전하며 말이 달리게 귓속을 간지럽게 한다. 산과 들에 꽃을 피게 하고 겨울이 온다는 것을 알려 얼른 꽃 피우고 열매를 맺으라고 속삭인다.

소설 토지는 능소화

소설 『토지』는 1897년 추석부터 1945년 해방까지 평사리 최참판댁 서희, 그녀 주변 사람들의 암울하던 시대에 치열하게 살아가는 한(恨)의 이야기를 담고 있다. 무대를 하동 악양 평사리에서 간도, 진주, 서울, 통영으로 이동하여 평사리로 돌아온다.

박경리는 1969년 『현대문학』 9월호에 연재를 시작 이래 25년에 걸쳐 500여 명의 등장인물에게 맞는 옷을 입히고 개성을 살리며 희로애락을 불어넣는다.

주변 사물에게도 무심하지 않았다. 사람이기에 민병통치약이 된다고 함안댁이 목매 죽은 살구나무 가지를 다투어 꺾고 껍질까지 벗겨 갔다. 바위와 이끼까지 의미를 부여하였다. 용이의 무덤가 소나무 사이 바위에 낀 파란 이끼는

홍이에게 아버지 삶을 회상하게 하고 월선 어머니의 환영을 불러오는 영체가 되기도 한다.

사람은 의미 있는 작명을 하고자 하고 꽃에는 이미지에 맞는 꽃말을 부여하는데 소설 토지를 상징하는 꽃은 무엇일까?

소설 『토지』 속의 능소화.

미색인가 하면 연분홍 빛깔로도 보이는 능소화가 한창 피어있는 유월, 담장 밖이었다. 비가 걷힌 돌담장은 이끼 빛깔로 파랗게 보이었다. 담장을 기대고 아무렇게나 피어있는 능소화, 치수는 초당에서 내려오다가 구천이를 보았다. 그는 넋을 잃고 서 있었다. 치수가 가까이 갔을 때도 인적기를 모르는 듯 능소화 옆에 서 있었다.(제1부 2권, 제1부 제2편 추적과 음모)

서희에게 외로움을 재촉했다. 이를 악물며 열 손톱이 닳아 빠져도 기필코 탈환하리라 맹세하였던 평사리 옛집, 추억은 살아서 구석구석에, 능소화가 피던 울타리며, 버들잎이 떨어지던 연당이며 흔적은 도처에 산재해 있건만 거창한 집은 때때로 낡은 상여틀 같이 느껴진다.(제4부 1권, 제1편 생존의 본능)

회령여관에서 당목치마는 벗어버리고 법단 남치마에 옥색 周衣(두루마기)로 갈아입고 미색 비단 목도리를 목에 감은 기화는 서울서도 다방골 일류 기생의 면모가 역력하건만 그의 걸음걸이는 혜관의 법의자락이라도 거머잡아야 온전할 것처럼 불안해 보인다.(제2부 2권, 제4편 용정촌과 서울)

소설『토지』속의 능소화 의미.

작가는 능소화 색채를 미색인가 하면 연분홍 빛깔 또는 청참외 속 빛깔이라고 하였다. 미색은 엷은 노란색이다. 실제로 능소화는 토양 및 환경에 예민하여 농염의 차이가 크다. 작가는 노란색을 소설 분위기에 맞는 색으로 작정한 듯하다.

능소화는 명예와 여성이라는 꽃말을 가지며 활짝 펴진 채 통째로 떨어진다. 마치 님을 기다리다가 기운이 다하여 '툭'하고 떨어지는 이 꽃은 단 하나의 사랑을 나타내기에 충분하다.

별당 아씨를 두고 최치수와 김환의 애증 관계는 이 소설의 시작이요, 끝이다. 구천이(김환)는 같은 배에서 태어났지만 형은 양반이며 별당 아씨 남편이고 자신은 머슴이라는 신분에 괴로워하다가 별당 아씨 사랑을 얻었지만 두 사람은 끝없는 도주를 하게 된다. 아버지가 다른 두 아들을 보면서 어느 쪽에도 치우치지 못하는 윤 씨 부인은 동학대장 김개주와 불륜의 늪에서 평생 벗어나지 못하는 한스런 생활을 한다.

상현은 서희가 길상이보다 당연히 자기를 배우자로 선택할 것이라 기대를 했지만 남편으로는 길상이를 선택하고 오빠 관계로 되었으면 좋겠다는 고백에 배신감과 패배의식에 빠지게 된다.

길상의 사랑을 확인받지 못한 봉순이는 간도행을 포기하고 국내에 남아 기생(기화)이 된다. 서희와 길상으로부터 각각 상처받은 기화와 상현은 서로 위로하며 양현이라는 딸을 낳게 되고….

서희는 낳은 딸 이상으로 곱게 키운 양현을 이부사댁으로 돌려보내 아들 윤국이와 결혼을 시켜 며느리로 곁에 두려한다. 그러나 양현은 윤국을 오빠로서 좋아하며 성장 배경이 유사한 영광이를 사랑한다고 고백한다. 서희는 이들의 관계를 보면서 진정한 사랑이 무엇인지 조금씩 알아간다. 결국 윤국이는 상처를 받고 학도병으로 지원하며 영광이 마저 양현의 곁을 떠난다.

능소화는 어떤 꽃인가.

능소화 4그루를 졸업생으로부터 기증받아 초여름에 현관 우측과 교장실 앞에 두 그루씩 향나무 가까이 심었다.

7월 중순에 한 그루씩 꽃을 피웠다. 줄기 가장자리마다 갈색 대추

씨 모양의 주머니가 생기고 끄트머리에 다섯 개의 꽃받침이 벌어지며, 통꽃이 포대처럼 밀려 나오더니 5갈래 꽃잎으로 갈라져 개화한다. 색깔은 뒤쪽은 주황색이며 앞은 진한 감색이다. 마치 트럼펫이 주렁주렁 매달려 가지각색의 소리가 울려 퍼지는 듯 능소화는 사방팔방 자태를 뽐낸다.

다른 능소화는 꽃이 필 기미가 없었다. 같은 날 심었는데 왜 소식이 없을까. 조바심으로 며칠을 보내자 개화를 시작하였다.

수술은 아래 위 2개 씩이다

너무 반가워 날마다 요모조모 뜯어보고 만져보는데 암술 하나에 수술은 네 개이다. 수술은 2개씩 암술을 향하여 몸을 깊숙이 구부려 정중히 예를 표하는 듯하다. 특이한 사실은 수술의 길이가 두 개씩은 같고 쌍 단위로는 달라 저만큼 간격을 두고 자리를 잡고 있다. 암술은 주걱 모양인데 위 수술보다 길거나 수술 사이에 위치한다.

이 같은 암술과 수술의 형태는 다른 꽃에서 볼 수 없는 얼개이며 다양한 다수의 곤충에 의하여 가루받이를 위한 안전장치가 아닐까. 자연의 신비로움을 보여준다.

소설 토지 상징은 능소화.

치수와 구천이는 아버지가 다른 윤 씨 부인의 아들들이다.

구천이와 별당 아씨가 도장에 갇히고 은밀히 윤 씨 부인이 열어 주어 그들은 새벽에 산으로 도주한다. 한편 치수는 신식총으로 사격 연습을 끝내고 강포수와 수동이를 거느리고 지리산으로 둘을 사냥하러 들어간다. 며느리를 사이에 두고 아들들의 애증을 보면서 가슴속이 검게 타버린 윤 씨 부인, 실로 하동 평사리 최참판댁의 부침은 능소화가 피고 지듯….

능소화

한 여인에 두 남자의 갈등을 능소화의 암술과 길이가 다른 수술에서 읽을 수 있다.

특히 별당 아씨를 암술로 치수와 김환을 수술에 비유한 것이 아닐까. 또 서희를 두고 상현과 길상, 임명희와 조씨 형제, 양현이를 좋아하는 윤국이와 영광의 관계 등 주요 인물의 인과관계는 한(恨)으로 얽혀 있다.

담장 너머 피는 애절한 능소화 모양과 색상 그리고 수술과 암술의 특이한 구조 등은 소설 토지를 상징하기에 적합하다.

水

하동포구 재첩 채취선

죽계구곡

순흥에 소수서원이 있다.

풍기군수 주세붕은 이 지역 출신 성리학자 안향을 배향하는 사당을 지어 영정을 봉안하고 사당 동쪽에 백운동서원을 설립하였다.

퇴계 선생이 단양군수로 있다가 형님이 충청감사로 부임됨에 고개 넘어 임지를 옮긴다. 그 고개는 높고 험하여 신라 아달라왕 5년(158) 3월, 죽죽은 명에 의하여 길을 열다 지쳐 순사하고 그를 기려 죽령으로 하였다.

이 길을 마의태자, 왕건, 정몽주, 정도전, 하륜, 금성대군, 윤선도 등 수많은 인마는 물론 안동현 남문루에서 애절하게 울리던 종은 오대산 상원사로 가다 죽령에서 멈췄다가

죽령루

넘어갔다.

오늘날 죽령은 4600미터 터널이 개통되어 차량 권장 속도로 5분이며, 산길은 자동차로 여유 있게 오름 30분 내림 28분이 소요된다.

퇴계 선생은 아흔아홉 굽이 죽령을 하루에 걸쳐 넘어 풍기군수로 부임한다. 서원을 제례 및 학문 연구와 후진을 양성하는 교육을 겸하게 하였으며 선생이 청하여 17세 명종이 소수서원(紹修書院)을 쓰고 새겨 하사하니 최초의 사액서원이다. 350년 동안 4000여 명의 선비를 배출한다.

죽계를 건너 소수박물관에 강학현장을 재현한 모형물이 있다. 선생은 남쪽으로 향하고 학생끼리 단정히 마주앉아 면학에 빠져있다.

이 같은 자리 배치는 사부를 임금과 같은 지위로 본다는 것이다.

그런데 문밖 마루 아래 흰 수건으로 머리를 동여매고 오른손가락을 나팔처럼 꾸부려 귓바퀴에 대고서 소리를 모아 듣는 청년이 보인다. 복장하며 몸가짐으로 천한 신분임에 분명하다. 과연 이 사람은 누구인가?

선생님 숨소리까지 들어야지

퇴계 선생은 자주 소수서원에서 강학을 주도하여 많은 제자가 모였다. 그날도 마당에서 청년이 열심히 들으며 기쁜 표정을 지어 불러 물으니 대답에 막힘이 없어 제자로 받아들인다. 그는 대장장이라 문밖에서 공부를 하였으며 퇴계 선생의 유일한 천민 신분 제자 배순(裵純)이다.

스승이 죽자 쇳물로 선생의 상을 만들어 모시고 3년 상복을 입었다. 또 선조가 죽자 삼 년 동안 매월 삭망에 소백산 높은 봉에 올라 한양을 향해 곡제사를 지냈는데 그 슬픈 소리가 궁성까지 들려 나라에서 정려를 내렸고 그 봉우리를 국망봉이라 하였다.

다리 밑에서 아이를 주워왔다는 전설의 청다리를 건너 순흥향교 지나 순흥지(順興池)를 끼고 한참을 오르자 400여 년 된 느티나무 두 그루가 보이고 그 밑에 배순정려각이 있다.

조금 위에 폐교된 배점초등학교터이다. 여러 동의 건물과 숙직실

죽계구곡

이 멀쩡하여 최근까지 학교 살리기에 안간힘을 다한 듯하다. 배순을 닮으려던 학동들 뛰놀던 운동장에 노란 은행잎 바람에 뒹구는구나.

죽계는 소백산 국망봉에서 발원하여 소수서원이 있는 백운동을 지나 영주 서천으로 이어지는 냇물이다. 안축의 죽계별곡으로 유명한 죽계구곡은 초암사 위 금당반석을 제1곡으로 물이 흐르는 방향으로 이름을 내려 붙였다.

배순정려각에서 동네 길을 걸어 계곡으로 접어들자 음력 시월 초하루라 좌측으로 온통 단풍이요, 우측에 잡힐 듯 사과로다. 빨갛게 농익은 여인의 볼 같은 사과에 손이 가려는 유혹을 뿌리침은 선비 수련 첫 번째 과정이런가. 상수원 수원지 관리동 옆에 물이 아홉 번

죽계별곡

째 굽이돌아 이화동이다.

계곡 건너 맞은편 산자락에 배순의 대장간이 있었다. 오백여 년 전 그의 담금질로 만든 물건은 주위에서 알아주는 명품에 행실도 모범이고 지극한 효자였다. 배순의 점방이 있어 마을은 이화동천(梨花洞天) 배점이며 그를 마을 신으로 모셔 정월대보름에 동제를 지낸다. 새마을 회관 앞에 충신백성배순지묘라는 안내문에 '충신백성'의 문구에 유난히 시선이 멈추어진다.

나에게 배순 같은 제자가 있을까.

한 시간 이내로 죽령을 넘는 시대이건만, 스승의 길은 퇴계 선생에게 묻고 싶어라….

덕천강은 양단수 줄기

문장(文章)에는 소리가 있어 대화를 나누듯 부드러워야 한다. 나아가 글 안에 담겨있는 글자 하나하나가 읽는 이의 마음을 때려 울림을 만들어 낼 수 있어야 하는 것이다. 울림을 강화시키는 요인으로 공감이며 이를 극대화시키는 것으로 교가 합창을 꼽을 수 있다.

옥산 아래, 일제강점기 질 좋은 고령토를 보관하기 위하여 터를 다져 기둥을 세우고 지붕을 얹었는데, 해방 이후 운동장이 되고 교실이 되어 옥종중학교가 되었다.

교가에 '덕천강은 양단수 줄기'라는 구절이 있다. 줄기란 잇대어 뻗어 나가는 물이나 산 따위의 갈래를 말한다.

양단수는 무슨 말일까.

덕천강의 발원과 복숭아꽃에 관련된 시조에서 그 답을 얻을 수 있다.

덕천강은 지리산의 강이다. 천왕봉을 중심으로 제석봉과 촛대봉을 거쳐 삼신봉에 이르는 남부능선이 만든 고운동계곡, 중봉에서 갈라져 구곡산 능선과 내원골, 천왕봉에서 중봉을 거쳐 하봉과 밤머리재로 이어지는 웅석봉 능선이 만든 대원사계곡에서 흘러내린 물이 모여 만든 강이다.

두류산 양단수를 녜 듣고 이제 보니,
도화 뜬 맑은 물에 산영조차 잠겼에라.
아희야, 무릉이 어디메뇨, 나난 옌가 하노라.

내대천과 삼장천의 함수

이 시조는 남명선생이 덕산에 들어와 지은 「두류산가」로 전해진다. 초장에서 두류산 양단수는 내대천과 삼장천의 합해진 물(合水)로써 양단수 줄기로 태어난다. 하천이 합쳐지면 이전 하천은 끝나게 되며 그 지점을 단(端)이라 하고, 두 개(兩) 하천의 합수지점은 양단이 된다. 그 위치는 산천재 마당에서 위로 보아 평평한

산천재

소부는 망아지를 몰고 다시 영수를 거슬러 올라가더니 망아지에게 물을 먹이며 말했다.
"그대의 귀를 씻은 구정물을 내 망아지에게 먹일 수 없어 위로 올라와 먹이려는 것이요"

江의 시작점이다.

남명선생은 61세부터 산천재에서 학문을 연구하고, 후진을 양성하여 임진왜란이 일어나자 전국에서 처음으로 의병을 일으킨 홍의장군 곽재우 등이 있다. 山天이란 주역의 대축계로 '굳세고 독실한 마음으로 공부하여 날로 그 덕을 새롭게 한다'는 뜻이다.

남명 선생은 소걸음을 강조하였다. 제자 정탁이 이임하게 되어 인사차 방문하였다.

"우리 집 뒤뜰에 소 한 마리가 있으니 끌고 가게."

제자는 어리둥절하였다. 선생에게는 소도 없을 뿐 아니라 있다고 해도 받아야 될 이유가 없었기 때문이었다.

한참 후에 말하기를 "그대는 말과 의기가 지나치게 빠르니 느리고 둔한 것이 오히려 멀리 갈 수 있는 것만 못하다네."라고 하였다.

정탁은 예조·병조·형조 판서 등을 거쳐 이조판서 세 번, 대사헌 여덟 번, 임진왜란을 당하여 임금을 호송한 공으로 호성공신에 오르고, 이순신이 파직되고 압송되자 구명하여 백의종군에 이르게 하였다. 좌의정에 임명, 벼슬에 대한 욕심을 버리고 물러나 80세 사망, 영의정에 추증되었다. 정탁은 선생의 가르침대로 평생 소 한 마리를 마음속에 두고 뚜벅뚜벅 걸어간 것이다

산천재 앞을 흐르는 덕천강은 양단수 줄기로 남명 선생의 정신이 녹아 흐르고 있다. 교가 가사로 매우 적절하고 부르면 공감이 확산될 것으로 기대된다. 이 학교 특색사업으로 '교가 부르기'를 하면 어떨지.

망덕포구 가거들랑

윤동주 망덕포구 시비

남해고속도로와 섬진강 사이로 길을 내었으니 최고의 드라이브 코스로 알려진 섬진강매화로이다. 섬진강 휴게소 담을 끼고 섬진강 따라 가다 눈을 돌리니 건너편 소의 머리를 닮은 두우산(頭牛山)도 동행하고 있다.

동산 앞에 공터가 나오고 진월초등학교가 있다. 정문에서 포구로 접어든다. 백두대간 출발점이고 종착지가 되는 망덕산, 그 아래에 펼쳐진 망덕포구는 섬진강을 거슬러 하동포구로 가는 길목이다. 광양만과 노량만을 한눈에 망볼 수 있어 '망뎅이'이라 하다 망덕(望德)이 되었다.

도로가에 수십 개의 다듬돌이 나열되고 돌마다 시를 새겼으니 '윤동주 망덕포구 시비'이다. 섬진강 하구에서 뜻밖의 시를 보게 될 줄이야. 「새로운 길」을 제목으로 붙이고,

내를 건너서 숲으로 고개를 넘어서 마을로
어제도 가고 오늘도 갈 나의 길 새로운 길
민들레가 피고 까치가 날고 아가씨가 지나고
바람이 일고 나의 길은 언제나 새로운 길 오늘도… 내일도…
내를 건너서 숲으로 고개를 넘어서 마을로 (1938. 5. 10.)

섬진강물을 멀찍이 밀어내는 방죽을 쌓고 안쪽에 왕복 2차선 포장을 하였다. 한참 진행하자 양철집이 눈에 들어온다. 지붕은 얇고 경사는 완만하며 처마는 짧다. 미닫이문이며 창틀에 유리를 끼워 진열대와 마루가 희미하게 보인다. '윤동주 유고 보존 정병욱 가옥'이다.

이 건물은 윤동주 시인이 생전에 써서 남긴 원고가 온전히 보관되었던 곳, 그의 친우 정병욱에 맡겨 1948년에 빛을 보게 되었다.

정병욱 아버지가 1934년에 매입하여 양조장 및 가정집으로 사용하였고 등록문화재로 되었다.

문을 밀고 들어가자 마루 구석에 앉은뱅이책상이 있다. 마루 널빤지를 들어내고, 항아리를 묻고서 그 안에 윤동주 시인 원고를 보자기에 싸서 넣었다. 널빤지를 제자리에 끼우고 책상을 얹어 보관할 수 있었다고 한다.

정병욱은 남해군 설천면 문항리에서 3·1운동에 가담했다가 진주사범 졸업 후 보통학교 훈도를 하던 정남섭의 장남으로 태어나 부친 근무지의 진정·하동보통학교를 마치고 동래고보를 거쳐 1940년 연희전문학교 문과에 입학했다.

진정보통학교는 두우산 너머 금남면 진정리에 위치하는데 산에 가려 보이지 않지만 가까운 거리에 있다.

1940년 봄, 섬진강 하구에서 올라온 병욱과 간도 용정에서 내려온 동주는 운명적으로 만난다. 어느 이른 아침 신문을 손에 쥐고 기숙

사로 찾아와 “글 재미있게 읽었습니다. 나와 같이 산보라도 나가실까요?”

3학년 동주가 조선일보 학생란에 실린 병욱의 글을 보고 축하인사를 하는 것이다. 둘은 늘 함께했다. 인왕산을 산책하고 충무로에 나가 책방을 순례했으며, 문학과 예술을 논하고 세상을 걱정했다.

동주는 자신의 습작시를 병욱에게 먼저 보여주었다. 1941년 동주는 19편의 시를 자필로 정리하고 ‘하늘과 바람과 별과 시’라는 이름을 붙였다. 3부 가운데 하나를 병욱에게 건넸다.

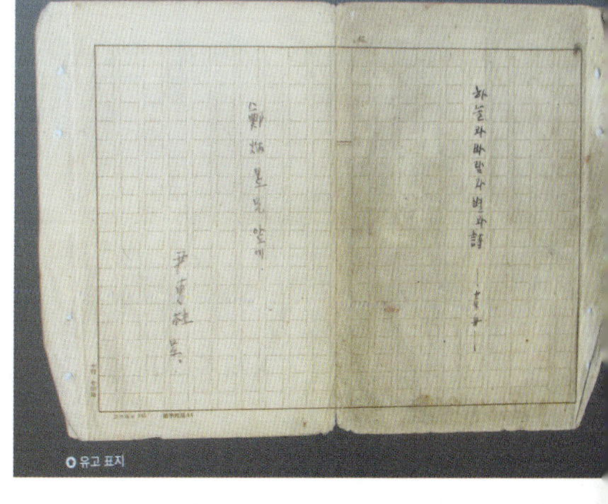

유고 표지

동주가 병욱을 어떻게 대했는지 게시된 원고에서 들여다볼 수 있다. 세로로 ‘하늘과 바람과 별과 시’라 쓰고, 다음 줄에 정병욱 형(鄭炳昱 兄) 앞에 적혀 있다. 다른 줄은 윤동주 정(尹東柱 呈)이라 하였다. 5년이나 어린 후배에게 깍듯이 兄이라 했고, 감사나 공로 등에 대한 성의나 인사 표시의 呈으로 나타내었다.

1943년 일본에서 동주는 독립운동 혐의로 검거돼 후쿠오카 형무소에 투옥되고 이듬해 병욱도 학도병으로 끌려간다. 원고를 어머니께 맡기며,

“저나 윤동주 시인이 살아서 돌아올 때까지 소중하게 간직해 주십

시오."

둘 다 살아 돌아오지 못하더라도 조국이 독립되면 원고를 연희전문학교로 보내어 세상에 알리도록 해 달라는 말을 유언처럼 남기고 떠났다.

1945년 8월 해방이 되자 돌아온 병욱은 마루 밑에 숨겨뒀던 동주의 시를 모아 『하늘과 바람과 별과 시』라는 시집을 발간했다.

표지에 제목, 저자, 반가(頒價) 100원, 1948년 1월 30일 발행. 발행처 정음사 순으로 되었다. 특이하게 '頒'은 나눈다는 뜻으로 책값을 반가로 쓰고 있다.

윤동주의 나이를 뛰어넘는 우정 그리고 배려의 마음은 정병욱에게 보답하는 과제가 되었고 결과물을 『하늘과 바람과 별과 시』라는 시집으로 우리에게 제출한 것이다.

망덕포구에 가거들랑 우정이 만든 기적의 현장을 살펴보소서.

섬진강 흐르고 흘러

경자년 여름, 태풍이 엄청난 비를 몰고 왔다. 섬진강댐 수문을 열자 천둥소리를 내며 쏟아져 강둑이 무너지며 가옥이 침수되었다.

구례읍 양정마을에서는 탁류가 축사를 덮쳐 소가 섬진강을 120리 떠내려가 남해 난초섬에서 구조되어 돌아와 바로 새끼를 낳았다는 보도에 가슴이 찡했다. 무거운 몸으로 급물살 망덕포구 앞을 피하여 완만한 하동 갈사리로 방향을 잡아 난초섬 해안에 올라 3일을 버틴 것이다.

호수에서는 소 보다 말이 몇 배 빨리 헤엄쳐 나온다. 소는 급류를 만나면 거슬러 올라가지 않고 흐름에 몸을 맡겨 힘을 아낀다. 목을 내밀어 주위를 찬찬히 살펴 방향을 잡아 뭍으로 나온다. 우공(牛公)의 지혜로운 태도를 보여주는 것이다.

물은 아래로 직진하는 성질이 있다. 물길이 둑이나 산을 만나면

승리의 여신상

부딪치고 소리를 내며 방향을 바꾼다. 수위가 높을수록 요란하다. 섬진강은 어디서 발원하여 어떤 모양이며 강변 사람의 희로애락을 담은 '고향의 강'이 되어 어디서 여정을 마무리할까.

섬진강 휴게소에 들리면 언덕 위에 하얀 탑이 선명하다. 계단에 발을 얹자 피아노 소리가 난다. 발바닥으로 연주하는 것, 리듬에 어리둥절 하자 계단 좌우로 나열된 바람개비가 해바라기 되어 반긴다.

앞산을 가린 사각 기둥의 몸체에 석판을 붙이고,

이 고속도로는 각하의 영도 아래, … 우리 후손에게 물려줄 값진 민족 자산으로 전국토의 4대 권역을 완전한 1일 생활권으로 묶어 균형적인 발전을 기약하는 지름길이다. 1974년 11월 14일 건설부장관 김재규 옆 표지석은 '호남남해고속도로 준공기념탑 제자(題字) 대통령 박정희'이다.

탑은 호남과 영남의 중간 지점이며 충무공 이순신의 노량해전 유적지인 이곳에 조국 번영의 상징으로 승리의 여신상을 껴안은 높이 25미터, 연인원 3800명이 동원되어 이일영 화백이 제작 건립하였다. 탑 옆면에 도로공사를 하는 남녀노소 모습을 조각했고 남자는 성기가 노출된 맨몸이다.

탑 앞쪽 중간에 여신이 월계수를 두 손으로 높이 들고 시선은 높

두우산 마애석검

은 곳을 향한다. 여신상 앞을 지나 이웃 휴게소 가는 육교 가운데 서서 둘러본다. 순천과 진주 방면으로 차량이 꼬리를 물고 있다.

시선을 넓히자 섬진강, 위로는 차량이 차지하고 아래로 강이 흘러 바다를 만날 준비하는 섬진강, 소의 머리 닮아 두우산(頭牛山)이라 불리는 앞산이 물길을 우로 돌린다.

경상도와 전라도 경계인 섬진강 하구와 광양만 일대를 한눈에 조망할 있는 두우산 정상에 거북바위가 있고 조금 아래 봉수대가 있다. 거북이 올라와 목을 빼고 섬진강 물줄기를 보다가 그만 내려가는 것을 잊어 바위로 되었나보다.

바위거북 옆구리 경사면에 칼자루는 하류로 칼끝을 상류로 향하고 길이가 1미터 넘는 새긴 검이 있다. 칼자루 끝 부분은 눈이 선명한 뱀의 머리이며, 칼날과 칼자루의 경계를 이루는 코등이(鍔)는 폭이 넓고 길고 칼날은 양쪽 날로 곧고 끝이 뾰쪽하다.

봉수대 병사가 칼을 강물과 일치되게 놓고 모양을 본뜬 후 땡볕에 쪼그리고 앉아 수없이 쪼고 닦아 완성했겠구나. 그 수자리(戍자리)는 간 곳 몰라도 마애석검은 오늘도 선명하다.

아, 두우산을 올려다보고 내려다보니 역사는 강물 되어 흐르는 구나.

발길 돌려 고개를 들자 여신은 햇빛을 받아 빛나고 황홀하다.

아! 같은 공간에서 한 사람은 대통령, 또 한 사람은 건설부장관으로 5년 뒤 한 사람은 그 사람의 총탄에 쓰러지고, 섬진강은 아는 듯 모르는 듯….

섬진강 발원지 데미샘은 진안 백운면 신원리 팔공산 북쪽 기슭을 흐르는 상추막이골에 있다. 샘 동쪽 봉우리 천상데 주변에서 발원한 계류는 데미샘에 모인다. 단풍나무와 산죽으로 둘러싸인 샘 주변은 널찍한 너덜 지대로 물 한 모금 마시고 쉬면서 늦가을을 만끽하기 더없이 좋고 천상데미를 뒤덮는 오색단풍 또한 절경이다.

섬진강은 굽이굽이 550리를 흐른다. 순창 적성면 오수천은 남원 요천과 합류하여 보성강과 물길을 섞어 화개장터에서 경상도와 전라도의 경계선을 이룬다. 구례에서 동쪽, 화개탑리에서 동남으로 방향을 잡았다가 하동읍에서 무동산을 만나 동으로 흘러 하동포구를 이루고, 인재 산실의 요람이던 우곡초등학교 뒷산 자락에서 발원, 하

섬진교

동역사의 젖줄이 되어 하동읍성 아래 배다리 공원을 지나 조개섬 앞에서 숨을 거두는 주교천(舟橋川)을 담고 남해로 들어간다.

섬진강과 바다가 만나는 현장의 가운데 팽이를 엎은 모양의 섬은 태인동의 머리 부분에 해당하며 물을 두 줄기로 나누고 있다. 하나는 섬진대교 밑을 지나 하동 갈사리 노량만으로. 나머지는 태인대교를 거쳐 광양만으로 들어간다,

그 섬은 두 개의 이름을 가지고 있다.

하나는 섬진강 홍수에 지리산 뱀이 떠내려 오다 필사적으로 기어올라 뱀들이 득실거린다 하여 뱀섬(蛇島), 다른 이름은 배알도(拜謁島)이다. 건너편 망덕산은 왕비가 날 자리라는 천자봉조혈(天子奉朝穴)의 명당이다. 그 왕비를 배알하는 형국이라 拜謁島, 망덕산 뒤에

천왕산은 왕을 상징하고 있다.

배알도 정상에 해운정(海雲亭)은 1940년 진월면장 안상선이 건립하였다. 백범 김구 친필 휘호를 받아 海雲亭이라는 현판을 걸었지만 태풍 사라호에 붕괴되고 2015년 광양시가 복원하였다. 김구의 휘호를 찾을 수 없어 안상선의 조카사위 정종섭 휘호로 새 현판을 걸었다.

정자에 오르면, 550리를 달려온 섬진강이 남해와 만나고 광양과 하동이 한데 어우러지는 따뜻한 정경을 가슴에 한껏 품을 수 있다.

해운정

섬진강물과 바닷물이 20cm/sec 내외 만나 영암염류가 풍부하여 얇으면서 영양가 높고 고소한 음식물로서 해조류가 성장하기에 적당하다. 넓은 갯벌이 형성되어 걸어 들이기에 알맞은 작업장이 된다.

예전에는 김을 바다 옷이라는 해의(海衣), 미역은 바다 나물라는 해채(海菜)로 불렀다.

조선왕조실록 세종 12년(1430) 5월 4일 기사.
"왕세자와 백관을 거느리고 사은 표전을 배송하다."
"명나라 동궁에 올리는 예물로 …인삼 50근, 잣 1백 근, 잡색 말 4필 …

해의(김) 1백 50근, 해채(미역) 3백 근, 곤포(昆布 · 다시마) 5백 근, 전복 2백 근, 자하자(紫蝦鮓 · 붉은 새우젓) 10항아리, 문어 2백 40마리를 지고 갔다."

김의 최초 서식지로 섬진강 하구 하동 갈사리와 광양 태인도이다.

김 양식에 대한 최초의 문헌은 1424년에 집필된 경상도지리지에 나타난다. 하동지역의 전래에 의하면,

'약 260년 전 한 할머니가 섬진강 하구에서 패류를 채취하고 있던 중 해조가 많이 착생한 나무토막이 떠내려 오는 것을 발견하고 거기에 붙어 있는 것을 뜯어 먹어 본 즉 맛이 좋아서 죽목(竹木)을 수중에 세워 인공적으로 착생 시킨 데서 비롯되었다.'

김여익은 1640년경 겨울날 배알도 해안에 표착한 밤나무 가지에 해조가 부착한 것을 발견하고 짚을 엮어 만든 김발 위에 펴서 말려 때어내는 건조 방법을 개발해 보급하였다.

海衣를 김이라 부른 것은 생산품을 하동장에 팔 때 '태인도 김가가 기른 것이다'는 뜻으로 '김'이라 불리게 된다. 인조가 수라상에 올라온 해초를 보고 무엇이냐 묻자, 광양의 '김아무개'가 만들었다고 하자 "그럼 '김'이라고 불러라." 하니 공용어가 되었다.

김을 해태로 표기한 것은 일제강점기 이후, 김을 노리(바다이끼)라는 일본 이름을 사용하면서 해태가 표준어인줄 알고 지금까지 사용

되고 있다. 원래 이름 '해의'로 바로 잡아야 할 것이다.

섬진강이 바다가 만나 사람들에게 주는 선물은 단연 재첩이다.

재첩은 간 기능저하 환자들에게 민간약으로 널리 이용되어 왔다. 식물성 스테롤이 많아 동맥경화에 좋은 식품으로 대표적 재첩음식으로 재첩국, 재첩숙회, 재첩칼국수, 재첩전 등이 있다.

현재 대부분 재첩은 깨끗한 수질을 유지하고 있는 섬진강에서 채취된다. 재첩은 조개류 중에서도 크기가 작은 편이지만 간장 활동을 촉진시키고, 타우린이 함유되어 해독작용을 돕는다.

섬진강이여! 풍요의 젖줄로 영원히 흐르기를….

물 가운데 비치는 달

미르는 용을 의미하는 우리말이다. 고대 농경사회에서 배고픔을 해결하려면 농사철에 비가 와야 하고 비를 내리게 해주는 존재가 미르이다. 물 깊은 곳에 산다고 믿어왔다.

논농사가 발달된 호서와 호남지방에 저수지가 많다. 거대한 저수지에는 용의 신앙이 지배하다가 불교가 들어오면서 미륵에게로 옮겨지게 된다. 미륵신앙의 중심 사찰이던 익산 미륵사지 옆에는 둘레 80리 황등제, 김제 금산사에는 벽골제, 선운사 근처에는 눌제가 있었다.

한 청년이 저수지 주변에 살아 어머니에게 용의 씨를 받아 태어났다는 말을 듣고 신분 상승을 위하여 전력투구하며 마장수로서 신라로 들어간다.

진평왕 셋째 딸 선화공주가 속리산에 들른다는 사실을

알고 호랑이에게 난을 당하는 순간 구해준다. 서동요로 여론을 조성하여 선화공주를 데리고 용화산(익산 미륵산)의 사자사에 보금자리를 마련하여 아들을 낳자 의로운 사람이 되기를 바라며 義, 자애로운 성품을 지니라고 慈를 더하여 '의자'라 하였다.

사금을 채취로 재력을 축적하더니 입지를 넓혀 장왕(무왕)이 되어 백제의 중흥을 위하여 심혈을 기울인다. 당나라의 힘을 빌리려 621년 이복동생 부여헌을 장안에 보내 건국을 축하하며 과하마를 선물로 바친다. 신라의 서쪽 변방을 빈번하게 침공하여 함양을 점령한 후 진주까지 진출을 시도하고 익산 천도를 통한 귀족세력의 재편성을 추진하고자 한다.

익산은 무왕의 거센 숨소리가 배여 있고 선화공주의 애틋함이 녹아 있다. 이곳으로 떠나는 문학기행은 역사의 향기 속으로 빠져드는 신비로움이 있다.

소나무 숲속에 파랗게 자란 잔디로 덮인 봉분이 있다. 하늘을 덮은 소나무 터널로 조금 오르자 더 큰 무덤이 나타난다. 선화공주와 백제 무왕(600~641)의 능이다. 발굴조사 이전에 도굴되어 매장된 인물에 대해 설왕설래했는데 수부(首府)로 새겨진 기와가 왕궁리

5층 석탑

유적지에서 출토되어 무왕 부부의 능으로 인정을 받게 되었다.

백제 별궁으로 추정되는 왕궁은 왕궁리 구릉에 조성되었는데 복원 작업이 한창이다. 유일하게 남아 있는 오층석탑의 얇고 넓은 옥개석은 3단 옥개 받침으로 안정을 꾀하고 모서리를 약간 올려 날렵함을 보여준다. 1층 옥개석 중앙과 기단에서 사리병 같은 사리장엄구(국보 123호)가 발견되었다. 멀찍이 탑 쪽으로 기울어진 소나무는 무슨 기원을 키우고 있을까.

미륵사는 백제시대 가장 큰 사찰로 삼국유사에 의하면 왕위에 오른 서동이 왕비 선화와 함께 사자사에 가던 중 용화산 아래 연못에 이르자 물속에서 미륵 삼존이 나타나 수레를 멈추고 경의를 표한다.

왕비의 간청으로 연못을 메워 절을 창건하였는데 미래불인 미륵이 3회의 설법으로 미래의 중생을 모두 제도한다는 용화삼회설에 입각하여 전탑과 낭무를 각각 세 곳에 세우고 미륵사라 하였다.

2009년 1월 14일, 미륵사지 석탑 해체 현장에 사람들이 모여든다. 오후 3시 석탑 중앙의 심주 윗돌을 들어올리자 금빛 찬란한 유물이 모습을 드러내고 눈길을 끈 것은 「금제사리봉영기(金製舍利奉迎記)」이며 이렇게 기록되었다.

가만히 생각하건대, 법왕께서 세상에 출현하시어 근기에 따라 부감하시고 중생에 응하여 몸을 드러내신 것은 마치 물 가운데 비치는 달과 같았다(竊以法王出世隨機赴感應物現身如水中月). … 우리 백제 왕후께서는 좌평 사택적덕의 따님으로 오랜 세월 동안 선인을 심으시어 금생에 뛰어난 과보를 받아 삼라만상을 어루만져 기르시고 불교의 동량이 되셨기에 깨끗한 재물을 희사하여 가람을 세우고 기해년 정월 29일에 사리를 받들어 맞이했다.

기해년은 639년이며 무왕 재위 40년이다. 이 발굴을 통해 미륵사지 석탑의 탄생을 알았다면 세기의 로맨스 여주인공 선화공주를 잃었다는 것이다.

복원을 감안하여 해체한 석물들이 여기저기 놓여 있다. 그중에 네 조각을 붙이면 원형의 무늬로 될 하나 모자라는 세 조각

동원9층석탑노반덮개석

으로도 석탑은 9층이라 알려주는 '동원9층석탑노반덮개석'이 하고픈 말을 했다는 듯 무심하다. 한 길이 넘는 미륵사지 당간지주 아래 헤아릴 수 없을 만큼 진열된 유물을 보고 있자니 눈앞이 몽롱해진다. 낮이라 말과 행동을 참았다가 어둠이 찾아오면 개똥벌레 되어 날아다닐 기세이로다.

미륵사지 석탑은 9층으로 복원되었다. 1층에 열려진 돌문을 들어서니 깜깜하다. 천천히 합장을 한다. 돌기둥이 가로막는다. 게걸음으로 한참 만에 빛을 찾았다. 고개를 숙이고 돌문을 나서니 풍탁이 바람을 모아서 '땡거랑, 당그랑' 소리를 내려보내고 있다. 땡거랑은 서동의 소리이며 당그랑은 선화공주이런가.

왕버들 늘어진 연못을 지나 넓은 잔디밭을 걷노라니 먹구름이 끼고 거센 바람이 소나기를 몰고 온다. 미르를 불러내려나 보다.

황계폭포 사연을 안고

용문정

합천 일해공원 지나 황강을 왼쪽으로 4차선 도로 위로 달린다. 영화세트장 지나자 소나무가 울창한 도로로 접어들었다.

물길이 산을 만나 방향을 바꾸는지 절벽에 부딪는 소리 요란하여 속도를 줄이자 과연 뾰족한 산이 병풍처럼 둘렀다. 우로 고개 돌리니 여기저기 장송이 보이고 얕은 돌담으로 둘러싼 정자가 있다. 용문정(龍門亭)이다.

정자 뒤로 산길 흔적이 남아 있다. 40여년 지나 이 길을 걸었던 기억이 새롭다. 유해문 과우가 어찌나 자랑하던지 대학 1년 여름방

학에 8명이 내가리에서 능선을 타고 산을 넘어 정자 마루에 이불을 덮고 며칠을 생활하였다. 밤에는 추위에 떨었고 물소리에 잠을 설쳤지만 모기에 시달린 기억은 없다.

정자 앞 계곡에서 쏟아진 물이 절벽으로 휘돌아 깊고 깊게 파여 실타래 한 개가 풀리는 소(沼)가 되고 반대편으로 모래사장을 이루었다나, 마침 은어가 올라오는 철이라 은어가 반이요, 나머지가 물이라 긴 막대로 물을 내리치면 놀란 은어가 백사장으로 튀어나오고 이리 뛰고 저리 뛰는 진풍경을 연출하였다. 해문이는 빙그레 웃고는 보란 듯이 쪽대를 한 번 들어올리면 양동이 반을 채웠다.

합천댐 콘크리트 벽이 보인다. 높이에 놀라 계곡으로 차가 쏠리는데 「무학왕사 출생사적비」가 정차시킨다.

왕사는 1327년 탑동에서 출생, 이름은 자초요, 호는 무학이다. 18세에 출가, 경기도 용문사에서 혜명국사에게 법을 배웠다. 1392년 왕사가 되고 수도를 한양으로 정하는데 결정적 역할을 한다. 이곳 향리에는 출가 전에 남긴 무학샘, 무학탄 등 많은 유적과 일화가 있다. 속가 성씨는 무엇인고?

합천 4경 황계폭포를 목적지로 하고, 합천댐기념탑 지나 좌회전하여 가파른 오르막길을 몇 굽이 돈다. 높은 해발에 넓은 들판을 지나고 다시 내리막에 32개 굽이를 돌고 4개는 반 회전이다. 마을 앞에 황계폭포 안내판과 볼록거울이 설치되었다.

계곡 따라 올라가자 쉬어 가라는 듯 정자가 있고 옆에 남명 선생의 「황계폭포 시비」가 반겨준다.

달아맨 듯 한줄기 물 은하수처럼 쏟아지니,
구르던 돌 어느새 만 섬의 옥돌로 변했구나.
내일 아침 여러분들 논의 그리 각박하지 않으리
물과 돌 탐내고 또 사람까지도 탐낸다 해서,

정자에 삼겹살 파티를 하고 있는 일행에게 폭포까지 얼마나 가야 하느냐 물으니 바로 앞이라고 한다. 숲길을 조금 돌아가자 폭포는 3단이고 바탕에서 세 갈래로 갈라져 폭포연을 이루고 있다. 폭포수는 내려오는 방향으로 흘러나와야 소리가 울리는데 앞쪽에 산이 있어 물은 60도 방향을 틀어 빠져나가고 소리를 빨아들이고 있다. 안쪽에 깊숙한 연못을 이루어 물살이 천천히 회전하고 있다. 이러니 몇 미터 앞에서도 알 수 있었겠나.

대야성 전투는 삼국통일의 계기가 되는 대회전이었다. 성주 김품석은 김춘추 딸 고타소랑(古陀炤娘)의 남편이다. 춘추는 사위와 딸이 죽었다는 소식을 듣고 하루 내내 기둥에 기대서서 눈 한번 깜박이지 않았다. 무슨 생각을 하였을까.

대야성은 첩첩산중 천연요새로 성은 높고 벽은 두꺼웠다. 함락되는 조짐은 성주의 부적절한 처신에 있었다. 성주는 부하 검일 부인의 미색에 혹하여 겁탈하였다. 여인은 남편을 볼 수 없다며 황계폭포에 몸을 던졌다. 검일은 부인이 성주의 욕망으로 자살하였음을 알고 복수를 결심하고, 식량 창고를 불살랐고 백제군은 입성한다.

8월 말에 폭포를 찾았을 때에는 국화가 산에 들에 피었다. 두 송이 따서 연못에 놓았더니 하나는 흘러나가고, 또 하나는 맴도는 모습은 검일 부인의 넋인 듯하였다.

달밤에 고향 길 바라보니

길이란 무엇인가.

눈에 보이는 길은 목적지를 최대한 짧은 거리로 이어준다. 길을 따라 가면 마을이 나오고 마을에는 사람이 모여 산다. 길은 이웃과 이웃, 마을과 나라를 이어주며, 인간과 인간을 이어주는 끈이다. 길 따라 가면 사람을 만나고, 목을 축여주는 샘이 있고, 밥도 있고, 인정도 있다.

길은 사람을 연결하고 사랑과 우정을 가져다주며 우주와 만나게 해 주면서 겸손하게 나그네를 맞아주고 인도한다.

소년은 뜻한 바 있어 당나라 유학을 갔다가 스승의 권유로 길을 나선다. 눈에 보이는 길이 아니라 가슴 속의 길을 찾아 나선 것이다. 지도 한 장에 나침반 없는 맨몸이다. 이

아직 알지 못하는 길

정표 없는 거리, 막막한 사막을 만난다. 모래바람에 길이 없어지고 모래 산이 생겼다가 계곡이 되기도 하며, 밤에는 달과 별에게 길을 묻고 낮에는 죽은 동물의 뼈를 보고 길을 찾는다.

타국 땅에서 구름 따라 걷는 소년은 누구의 아들인지 무사히 고국에 돌아왔는지 아무도 모른다. 행적은 영원히 모래 산에 묻히고 말았을까.

돈황(敦煌)은 동서양을 잇는 실크로드의 요충지. 들어가면 나올 수 없다는 타클라마칸사막 언저리에 있는 오아시스 도시, 모래가 노래를 부른다는 명사산(鳴沙山) 기슭 수직 절벽에 600여 개의 석굴, 막고굴로 불리며 천년의 세월에 걸쳐 갖가지 양식으로 만들어졌다.

1908년 왕원록이 폐허가 된 막고굴 중 아늑한 동굴에 기거하고 있었다.

어느 날 동굴 벽에서 울림소리가 나서 벽을 부수자 수많은 경전을 보관하고 있던 장경동이 드러난다. 우리에게는 왕오천축국전(往五天竺國傳)의 등장이다. 발견 당시에는 제목 저자의 이름도 없었고 아홉 장을 이어붙인 두루마리 필사본은 앞뒤가 떨어져 나가고 총 227행에 6천여 자의 기록이 전부였다.

헐값으로 건네받은 수많은 경전을 해외로 반출한 프랑스 동양학자 펠리오에 의해서 필사본은 빛을 보게 되었다. 펠리오는 당나라 승려 혜림의 불교경전 주석서 일체경음의(一切經音義)에 실려 있는 혜초 편에 나오는 낱말과 필사본에 같은 말과 뜻이 일치하는 부분이 많아 혜초의 왕오천축국전이라는 것을 밝혀냈다.

당시에는 혜초가 밀교 고승 금강지와 불공의 제자라는 것만 알려졌을 뿐, 국적을 확인해 준 것은 남천축국을 여행하면서 숲 속에 허물어진 절을 바라보며 고향에 대한 그리움을 담은 시(詩)이다.

달밤에 고향 길 바라보니 뜬구름만 흩날리며 돌아가고 있네
구름 가는 길에 편지라도 부치고 싶건만
바람이 급하여 내 말 알아듣지 못하는구나.
내 나라 하늘 끝 북쪽에 두고 남의 나라 서쪽 모퉁이에 와 있는 몸
더운 남쪽 천축은 기러기도 오지 않으니
누가 고향 숲을 향해서 날아가려나(誰爲向林飛)

여기서 숲(林)은 계림(鷄林)을 가리키는데, 계림은 삼국사기에 의하면 신라인은 숲을 신성하게 여겨 신라 이전의 이름이다.

혜초는 황폐해진 절을 보고, 마음은 눈앞의 절 대신에 보이지 않는 울창한 숲으로 가득 차는데, 이 숲은 고향을 그리워하는 향수의 상징이 된다. 마음은 육체가 처한 장소에서 무한정으로 떨어져 나와 언젠가 돌아가고자 염원하는 신라 땅이다.

혜초는 신라 성덕왕 18년(719) 16세에 신라를 떠나 당나라 광주(廣州)에서 남천축 출신 밀교승 금강지 제자로 들어가 스승의 권유로 천축국으로 구법 여행을 떠난다. 당시의 순례는 목숨을 건 여정이었다. 가는 사람은 많았지만 돌아오는 이는 없는 까마득한 벼랑 끝 같은 위험천만의 길이었다. 열사병과 식중독 또는 토착인들에 의해 대부분 목숨을 잃었다. 그런 길을 바람과 구름에 목숨을 맡긴 채 붓다를 찾아 천축(인도)으로 향했다.

혜초는 한 달 만에 구시나국에 이르렀다. 기대 했던 그 장소의 모습은 세월에 묻히고 인심은 달라졌다. 부처님이 열반에 드신 곳이지만 성은 이미 황폐화 되어 아무도 살지 않는다. 부처님이 열반하신 곳에 탑을 세웠는데 한 선사가 그곳을 깨끗이 청소하고 있었다. 해마다 팔월 초파일이 되면 남승과 여승 도인과 속인들이 그곳에 모여 크게 공양행사를 치르곤 한다.

이곳 열반당에는 19세기 말에 인근 강바닥에서 발견된 6.2미터 석가모니 부처님 와불상이 왼쪽 얼굴을 위로하여 누워있다. 5,6세기에 조성되었는데 혜초는 열반상을 친견하여 열심히 마음 공부하면 생사를 초월한 경지에 오를 수 있다는 가능성을 보았을까.

적멸보궁은 석가모니 부처님이 설법을 펼친 보리수 아래의 적멸도량을 뜻하는 전각! 오늘날은 석가모니 진신사리를 모신 절이나 탑을 뜻하는 말로 바뀌었다. 적멸보궁이 있는 절에는 와불상을 볼 수 있다. 오른손으로 머리를 받치고 옆으로 누워 다리를 포개고 누워있다. 열반에 들기 전 부처님 모습이라 죽음에 대한 두려움이 없다는 태도이다.

하늘과 바다 그리고 구름

혜초는 겨울 어느 날 토화라에서 눈을 만난 소회를 시로 읊었다.

차디찬 눈이 얼음 위에 쌓이고 차가운 바람이 땅이 갈라질 듯 매섭게 부는구나. (중략) 강물은 벼랑을 갉아먹고 우물 가장 자리 도사린 뱀처럼 얼어붙었는데 불을 벗하여 층층대를 오르며 노래하지만 어떻게 파미르 고원을 넘을 수 있을까?

5만리를 4년에 걸쳐 혜초는 동서남북중천축국과 서역의 여러 지역을 순례하고 727년 장안으로 돌아와 왕오천축국전을 쓴다.

한 지역에서 다른 지역으로 가는 데 걸리는 시간과 방향, 왕의 이름, 언어와 기후, 풍습, 왕이 소유하고 있는 코끼리의 수, 종교적 성향, 불교가 전파된 곳일 경우에는 대승인지 소승인지, 어떻게 행해지고 있는지 등에 대한 기록이다.

780년 중국 오대산 건원보리사에서 80여 세의 고령으로 세상을 떠날 때까지 밀교 연구와 전승에 매진하였다.

내가 찾은 나의 길

고향을 그리워하는 시의 '誰爲向林飛(수위향림비)'라는 구절은 여권이 되어 1128년이 지난 후, 고향에서 받아보는 부고가 되어 해동 최초의 인도 기행문을 남긴 위인으로 나타된 것이다.

김춘추, 한다사에서 배를 탔다

특별한 계기를 마련한 출발이 있었다.

그것이 역사 전환점이 된 사실(史實)이라면 기념을 하는 것이 좋지 않겠는가.

신라가 통일을 이룬 동기는 무엇일까.

동으로 왜가 막고 동북에는 백제와 고구려가 노리고 있다. 활로는 당나라의 힘을 빌어서 통일을 이루는 것이다. 김춘추는 당나라로 향한다. 당고종을 만나 나당공동체를 만들려는 그 출발점이 한다사이다.

백제 근초고왕의 팽창 정책에 평양성은 포위된다. 성을 순시하던 고국원왕은 백제군의 화살에 맞아 전사하고 고구려는 국내성으로 천도한다. 장수왕은 고국원왕의 시신에서 뽑아낸 화살촉을 보며 복수를 다짐하고 도읍을 평양성으로

하동 송림 앞 섬진강

옮겨 남진을 추진한다. 433년 백제 비유왕과 신라 눌지왕은 고구려 침략을 막자고 나제동맹을 맺는다.

장수왕은 신라를 공격해 죽령 북쪽의 땅을 차지한다. 475년에는 백제의 한성을 함락해 한강 유역을 점령하여 개로왕을 죽음에 이르게 한다. 그러자 493년 백제 동성왕이 신라 왕족 딸과 결혼(선화공주?)하면서 두 나라가 사돈지간을 맺어 나제동맹은 공고히 된다.

이듬해 신라 군대가 고구려 군대에 패해 견아성(경북 문경)에 포위되자 동성왕은 3000명을 보내 신라 군대를 구하고 495년에는 고구려가 백제의 치양성을 포위하자 신라가 고구려를 몰아낸다.

신라 진흥왕이 한강 유역을 독차지하면서 100년 넘게 유지되어 오던 나제동맹은 깨어진다. 두 나라는 전쟁에 휩싸이고, 554년 옥천

관산성에서 백제와 대가야의 연합군과 신라는 국운을 건 대회전이 있었다. 백제 성왕은 태자 창을 격려차 소수의 기병을 이끌고 가다 보은 삼년산성에서 출발한 신라군의 매복에 걸려 최후를 맞는다.

성왕의 목을 벤 이는 삼년산군 출신의 고간도도이며 김유신 조부인 각간 김무력의 비장이다. 연합군은 말 한 필조차도 돌아가지 못하는 참패를 당했다.

642년 의자왕은 윤충 장군에게 합천 대야성을 공격하라 명한다. 성주는 김품석이며 부인은 김춘추의 딸 고타소랑이다. 성주는 부하 검일 부인에 혹하여 적절하지 못한 행동을 하자 검일은 식량 창고를 불 질러 대야성이 함락된다.

김춘추는 딸과 사위가 죽었다는 소식을 듣고 하루 종일 기둥에 기대어 사람이 지나가는 것도 알지 못할 정도로 상심하고 백제를 멸망시키겠다고 다짐한다. 642년 겨울 딸의 원수를 갚고자 평양성을 찾아 연개소문과 동맹을 추진하지만 죽령 이북 땅을 돌려달라고 요구하여 결렬된다.

648년 춘추는 당황성에서 배를 타고 당태종을 만나 백제가 바다를 지키고 있어 조공을 바칠 수 없으니 백제를 무찌르게 힘을 합치기를 요청, 당은 고구려 후방을 교란하는 효과가 있어 동맹을 맺는다. 돌아오는 길에 고구려 순찰선에 걸려 위기에 처했는데 온군해가 옷을 바꿔 입어 죽음을 면한다.

649년 3월 10일. 당태종은 고구려를 정복하려 심혈을 기울이다 안시성에서 날아온 화살에 눈을 다치고 요동 늪지대에서 허우적거리다 얻은 병으로 3년 동안 병마에 시달린 끝에 죽는다. 그는 고구려와 전쟁을 일으킨 것을 후회하며, "고구려 정벌을 즉시 중지하라. 앞으로도 고구려 정벌군을 일으키지 마라"라는 유언까지 남긴다.

당태종 사후 백제와 고구려의 군사 연합은 더 견고하게 되고 신라의 입지는 좁아지며 대외적으로 큰 위험에 처하게 된다. 대야성 전투에서 참패하고 계백장군에게 함양지역을 점령당하는 등 위축되어 있었다.

춘추는 특사로 당에 들어가기로 한다. 이치가 새로운 황제가 되었으므로 즉위를 축하한다는 명분이다. 선덕여왕에게 사행을 자청하고 아들을 대동, 뱃길로 당에 들어갔다. 법민은 이번의 수행으로 두 번째 방당이며 인문은 처음이었다.

춘추의 흉중에는 여왕과 김유신 밖에 모르는 또 하나의 중요한 과제가 있다. 이치를 설득하여 태종이 남겼다는 고구려 정벌 포기의 유조를 폐기시키고 다시 정벌군을 일으키도록 해야 한다는 대임이다.

춘추는 마지막으로 유신을 만난 뒤에 한다사(韓多沙 : 지금의 하동)로 떠나 배를 타고 해로로 입당하였다. 춘추가 장안에 도착한 것은 신라를 떠난 뒤 두 달 만이었다. 여왕의 국서를 바치고 이치를 알현한다.

"폐하께서 윤허하신다면 자식 중 하나를 폐하의 슬하에 남겨 궁중 예법과 법도를 배우게 하여 폐하를 모시게 했으면 하옵니다."

"소신 무능한 둔재이오나 폐하를 모시겠습니다."

작은아들 인문이 선뜻 나섰다.

이치는 기뻐서 고개를 끄덕였다. 아들을 바친다는 것은 당에 대한 충성이 영원불변하다는 걸 맹세하는 거나 마찬가지다.

이로써 신라와 당은 동맹관계가 된다. 여제정벌의 조건은 나당연합군이 고구려와 백제를 멸한 다음 신라는 패수 이남의 땅과 백제의 영토를 차지하고 당은 고구려 영토 및 백제의 사비성과 곰나루, 백강을 차지하도록 묵약을 한 것이다.

과연 한다사는 지금의 하동 어디에 해당될까?

하동읍 너뱅이들 앞 섬진강

양보면 우복리는 소 여섯 마리가 누워있는 형세라 하여 우복이 되었다. 소젖이 모이듯 우복 골짜기로 물이 모여 흘러내리다 통정천 물줄기를 모아 양보공원 아래에서 박달천 그리고 지례천, 고전천, 진정천을 쓸어 담아 조개섬 앞에서 섬진강으로 진입한다.

주교천 따라 이동하다 명교다리를 만난다. 다리 건너 하천 둑에 전통과 문화가 살아 숨쉬는 '성평권역 배다리길'이라는 알림판에 명교리를 설명하는 글이 있다.

너뱅이들과 무동산 연결 철교

1914년 4월 1일 행정구역으로 명교와 일기를 합쳐 명교리라 하였다. 명교마을은 뒷산을 따라 동향으로 길게 펼쳐져 있고 광복 후 숲 너머에 10여 호의 마을이 있었다. 옛 하동의 읍기가 한다사(韓多沙: 서기 250년) 때 이웃 마을인 지금 고하(古河)에 있었다는 기록으로 보아 그 이전부터 사람이 살고 있었을 것으로 추정된다.

고전면 고하리 舟城마을 알림판에 의하면,

주성마을의 내력은 배다리(舟橋)에서 비롯되어 배가 닿은 곳이라 하여 붙여진 이름이라고 여겨진다. 배다리 마을이 형성된 연대는 대가야 때(250년) 읍기가 신다사촌(新多沙村)에 자리 잡기 그 이전부터라고 생각한다. 주교천을 이용한 수운의 편리와 읍기를 배경으로 사람들의 빈번한 내왕으로 신라 때에 시장이 형성되었고 675년 한다사촌에 읍기가 다시 자리 잡음으로써 배다리 시장이 더욱이 이름이 나게 되었다.
조선조 1415년 읍기가 하동촌에서 성내로 옮겨지고 하동읍 성내에 읍기가 자리함으로써 성내와 성의 남문 쪽 문밖에 있는 남문촌(南門村)이 생

하동포구 노래비

기게 되었다.
1914년 행정구역 개편 시 고하리에 성안 남문동 배다리라는 자연마을이 있었고 지금도 남아 있으며 배다리, 남문동, 성내를 합하여 舟橋라고 정리되었다. 1940년 후반 주교의 舟자와 성안의 城자를 합하여 주성마을이라 한다.

주성마을에 물산이 모이던 250년대 이전부터 배다리를 띄워주는 하천을 주교천이라 불리게 되었는데 여기서 배가 출발하면 광양만을 거쳐 장보고 무역상로를 따라 당나라 수도 장안까지 갈 수 있었다.

춘추가 국운을 걸고 당나라 황제 이치를 만나러 가는 출발점이 한다사, 지금의 하동 땅이다. 한다사 위치를 찾아내는 것은 하동의 역사를 햇볕 속으로 옮기는 것이다.

달빛이 장강에만 비추는가

배로 800km 내려가 고속전동차로 5시간에 중경으로 돌아오고 비행기로 1280마일을 190분 걸려 귀국하는 장강 삼협 크루즈 여행.

침대 응접실 목욕탕을 겸비한 객실은 안온하다. 좌우로 협곡 그리고 장강의 푸른 물이 전부이다.

박지원의 『연암일기』에 중국에서는 강물 이름에 '河'와 '江'을 붙인 것은 맑고 흐린 것을 근거로 구별한다고 기록하고 있다.

북경에 이르기까지 물을 건넌 것이 십 여 차례였는데, 혼하, 요하, 란하, 태자하, 백하 등 이름에 '하'가 붙은 것들은 모두 누런 강물이다.

들판을 흐르는 물은 탁하고, 협곡을 빠져나와서 흐르는 물은 맑다. 압록강은 장백산에서 발원하여 변방의 여러 산을 거쳐서 흐르기 때문에 항상 맑은 것이다.

내가 아직 장강을 보지는 못했으나, 사천의 민산과 아미산 등 수많은 산에서 발원하여 삼협을 뚫고 하류로 흘러내려오니, 그 물이 맑음을 알 수 있겠다. 소위 남쪽 가닥에 '강'이라고 이름을 붙인 까닭은 초나라 남쪽 지방은 산도 많고 암석도 많아 물이 모두 맑기 때문이다.

아뿔싸! 선상에서 보는 장강은 강이로되 내려 갈수록 유속이 작고 누렇다.

협곡을 흐르는 장강

수몰될 문화재를 인근 높은 지대로 옮겨 복원하였다.

도교 사원이로되 이름으로 으스스하고 신비로운 분위기가 풍기는 귀곡성을 찾았다.

사원 앞 대리석에 처음 보는 문장을 대하게 된다. 이리저리 보아도 내용을 알 수 없다. 가이드가 빙그레 웃으며 진도를 위하여 손가락으로 훑어가면서 설명한다. 유선정화(維善呈和)를 압축하여 부적처럼 보이는데 '오로지 선으로 화목을 준다'는 뜻이란다. 한참 시선을 고정시키는 일행을 보면서 볼거리가 무진장하니 이동하잔다.

한참이나 움직이지 않자 개별학습이 필요하다고 판단했는지 가이드가 나의 오른손 인지를 잡고 새긴 홈 따라 가면서 이것은 '維'이

유선정화(維善呈和) 압축

고 이렇게 쓰면 '善' 이는 '呈'이며 이렇게 '和'로 마무리된다.

그래도 끄덕이지 않자 "선생님은 선하게 생겨 그대로 살면 됩니다. 지금은 일행에 지장을 주지 않으면 되는 것입니다." 하면서 팔을 잡아당긴다.

신비의 구멍이다.

매일 스님들이 먹을 만큼의 쌀이 나온다. 구멍을 넓히면 내일 먹을 쌀이 나오겠지…. 엄청 구멍을 키우자 쌀이 나오지 않게 되었다.

하루 밤을 기다리면 구슬을 찾을 수 있건만 닭이 구슬을 삼켰다고 본대로 말을 하면 주인이 성급하게 닭 모가지를 비틀 것 같다. 나그네는 입을 다물고 기둥에 묶인다. 아침이 되자 닭이 구슬을 배설하였고 과객은 빙그레 웃었다.

정상에 옥황상제를 모신 사원이 있다.

백제성

천상에서 가장 높은 인물이건만 그의 귀는 당나귀 귀가 아니라 짝 귀이다. 가이드가 "왜 그렇게 되었을까요?" 하면서 일행을 이리저리 둘러보다 여자 일행에게 시선을 고정시키더니 한참만에 부인이 곁눈질하는 남편의 귀를 잡아당겨 그렇게 되었다.

상제는 7공주를 두었다.

가이드는 발문을 능수능란하게 한다. '선녀와 나무꾼'의 선녀가 누군지 맞춰보라고 한다. 비교되지 않을 정도로 화려하게 장식하고 모두 아름다워 알 수 없다고 하자 힌트를 준다면서 '시선에 해답이 있다' 눈을 비교해 보란다. 유일하게 아래로 하는 공주가 있으니 막내공주이다. 인연을 못 잊는 거야 천계에서도 마찬가지이련가.

뒤편에 매서운 눈초리의 여인이 상제의 부인이다.

동생들의 원수를 갚겠다고 무리하게 오나라와 전쟁을 일으켜 참패한 유비는 백제성에 이르러 아두를 제갈량에게 맡기며,

“아들이 무능하면 황제가 되어 통일을 이루어 달라.”

유비의 복심을 알아 챈 제갈량이 그런 일은 없을 것이며 황제를 모시고 통일을 이루겠다고 한다. 그제야 유비는 아두를 제갈량에게 인계하고 숨을 거두는 장면을 조형물로 재현하였다.

일행은 의자에 앉아 상기된 얼굴로 유비의 유언에 대하여 이야기하고, 까치발로 넘겨다보았던 교감 한호성이 차분하게 설명 한다.

유비, 제갈량 그리고 아두

“유비 · 관우 · 장비가 의형제를 맺었다는 도원결의는 나관중의 삼국지연의에 나오는 내용입니다. 허구이지요.

선조가 ‘삼국지를 읽었다’고 회자되고 있는데 사실은 삼국지가 아니라 삼국지연의랍니다. 그 책에 빠져 국정에 손을 놓은 선조에게 시독관 기대승은 ‘삼국지연의는 무뢰한 자가 잡된 말을 모아 고담처럼 만들어 놓은 것입니다. 王者가 백성을 인도함에 있어 마땅히 바르지 않은 책은 금해야 합니다.’라고 아뢴답니다.”

한호성 교감은 주위를 둘러보고,

“삼국지는 위촉오 역사를 오나라가 망하는 280년에 진수가 편찬한 실록이며, 삼국지연의는 14세기 말 나관중이 삼국지를 각색한 소설책이랍니다. 칠실삼허라는 삼국지연의를 한글로 옮겨 ‘삼국지’로

삼협댐에서 필자

출판되는 우리말 삼국지를 정사 삼국지로 착각하고 있지요. 엄청 잘못된 겁니다. 우리말 삼국지를 『소설 삼국지』라고 해야 합니다.

지금 중국은 곳곳에 삼국지연의로 인테리어하고 있답니다. 소설 삼국지를 삼국지로 착각하고 읽으면 나관중의 상상의 늪에 빠지는 것입니다."

장강은 유유하다. 장강삼협전경도를 펼치자 12페이지에 380cm보다 더 길다. 삼협댐은 낙차 170미터 물로써 발전기를 돌려 생산전력 22,400천kw에 이른다. 광장 분수대에 시멘트로 아귀가 잘 맞는 삼각뿔 조형물을 세웠는데 강바닥에 5만개를 가라앉혔고 둑이 무너지지 않게 13만개 원기둥을 박았다.

소설 삼국지만큼 긴 장강을 넋 놓고 보노라니 배와 강물은 내려가야 하거늘 올라가고 있다.

"강물이 배와 반대 방향으로 간다. 장강에서만 있을 수 있구나."

이름 때문에 남동생을 보게 되었다는 지덕을 겸비한 교감 한호성

“교장 선생님, 상대속도에 대하여 공부가 필요하군요.”

비 오는 날 달리는 차안에서 차창을 보노라면 빗방울이 뒤로 떨어지는 궤적을 볼 수 있듯 내려가는 배에서 강물을 보니 물이 올라가는 것으로 보이게 되는 것이란다.

의창역으로 이동했다. 물길 따라 내려 왔으니 공기를 가르며 올라갈 것이다. 일행은 붐비는 대합실 의자에 앉았다. 가이드가 한손에 티켓, 다른 손에 귤을 들고 왔다. 나눠주면서,

“강남 귤을 강북에 옮겨 심으면?”

“탱자가 되지요.”

“중국 땅이 넓다는 말이군요.”

가이드가 어이없다는 표정을 짓는다. 상황을 파악했는지 교육심리를 전공했다는 교장 김남옥은 치분하게 설명한다.

중국에서 가장 중요한 강은 황하와 장강입니다. 두 강 사이에 회수(淮水)라는 강이 흐르고 있지요. 이 강의 위쪽 황하를 기반으로 회북, 아래 장강을 기반으로 회남으로 구분합니다. 회남의 귤을 회북에 심으로 탱자가 된다(橘生淮南則爲橘 生于淮北爲枳)는 말입니다.

춘추전국시대에 제나라 재상 안영이 초나라에 사신으로 갔다. 초나라 왕은 제나라 사람들이 국경을 넘어와 도적질을 많이 한다고 힐책하였다. 이에 안영이 회남에 있던 귤을 회북에 옮겨다 심으면 탱자가 된다는 귤화위지(橘化爲枳)에 비유한다. 제나라에서 태어나 사는 사람 중에는 도둑이 별로 없다. 그런데 이 나라에서 도적질을

고속 전동차

많이 한다면 이는 제나라 사람의 문제가 아니라 초나라 풍토에 문제가 있기 때문이 아니겠느냐며 반론을 펼쳤다는 것이다. 맹모삼천지교를 인용한 교육환경이 중요하다며 마무리 한다.

이목구비가 단정하고 말이 없던 연구사 안원호 "달빛이 장강에만 비추는가. 한강에도 달빛이 머문다. 달은 그 달이려니, 우리도 유구한 역사를 가졌도다."라고 운을 떼더니 『천년의 금서(김진명)』를 중심으로 우리의 고대사를 펼쳐낸다.

공자가 침이 마르도록 칭송했던 시경의 한혁편 '한후(韓侯)는 맥족을 복속시키고 그 땅의 제후가 되었다. 한후가 수도에 들자 선왕은 경계를 논하였으며 조카를 시켜 밤 시중을 들게 하였다.'

한혁편은 주나라 선왕 때 일을 기록한 것이며 선왕은 기원전 827년부터 782년까지 재위했다. 한후는 이 시기에 주나라를 방문하였고 춘추전국 한나라 보다 400년에서 600년 전에 존재했던 나라의 임금이며 그 한후의 나라가 바로 우리나라이다.

후한의 학자 왕부가 쓴 잠부론 씨성편 '한후는 연나라 부근에 있었다. 차츰 韓의 서쪽에서도 한씨 성을 갖게 되었는데 그 후에 위만에게 망하여 바다를 건너갔다.'

고조선의 준왕은 한반도 남부로 가서 마한·진한·변한이라는 국호를 쓴다. 이렇게 하여 한후의 한이 삼한으로 되살아나게 되었다는 것이다.

삼협 크루즈는 좋은 체험의 장이다. 스토리텔링이 좋았고, 옥황상제에게 부인이 있었고, 막내딸은 지상에 인연이 남아 고개를 숙이고 있다. 고속전동차의 '동'은 터널을 뜻하는 洞이며, 커브를 없애려 많은 터널을 뚫어야 했기 때문이란다.

우리에게도 중국에 뒤지지 않는 오랜 역사를 가졌음을 알게 하고 옛것을 오늘에 되살리는 지혜를 발휘하며 대한인(大韓人)으로서 소양을 쌓는 계기가 되었다.

木

수목 띠 풀어주자

산은 계절 따라 색이 달라진다.

겨울은 잎을 떨어뜨리고 주홍색, 봄은 따뜻한 기운이 대기에 퍼지니 만물이 기지개를 켜고 기다렸다는 듯 연한 싹을 내밀어 부채꼴이 되며 옅은 노란색이다.

여기저기에 상수리나무 밤나무 등이 노란 점을 찍는데 다른 색으로 변할 것을 기대해도 좋다는 기미를 준다. 꿋꿋이 하나의 모습을 보여 줄 것 같은 소나무마저 노란 가루를 뿌린다. 봄의 색으로 단장한 산은 갓 깨어난 병아리를 보는 듯하고 충분히 동심의 세계로 빠져들게 한다.

5월은 수목에 물이 오르며 활기 충만하다. 들뜬 마음은 발걸음을 산으로 향하게 하고 만나는 사람마다 인사를 건넨다. 바위를 상처내고 자리 잡은 이름과 알림판을 수목에

쌍계사 국사암 느티나무

단단하게 고정시킨 띠를 본다면…,

남명 선생은 『유두류록』에서 바위에 새겨진 이름을 보고,

> 대장부의 이름은 마치 푸른 하늘의 밝은 해와 같아 사관이 책에 기록해 두고 넓은 땅 위에 사는 사람들의 입에 거론되어야 하겠는데 구차하게 원숭이와 너구리가 사는 숲속 덤불의 돌에 이름을 새겨 영원히 썩지 않기를 구한다. 이는 나는 새의 그림자보다 못해 후세 사람들이 날아간 새가 과연 무슨 새인 줄 어떻게 알겠는가?
>
> 두예(杜預)의 이름이 전하는 것은 비석을 물속에 가라앉혀 두었기 때문이 아니라 하나의 업적만이 있었기 때문이다.

등산로 입구 잘 보이는 곳에 자연보호헌장비를 볼 수 있다. 사람은 자연에서 태어나 자연의 혜택 속에서 살고 자연으로 돌아간다. 자연의 고마움을 잊어버리기에 돌에 새겨 교훈을 삼고자 하며, 학교 및 사회 각 분야에서 교육을 통하여 생활화 되도록 하고 생활 주변부터 깨끗이 하여 국토를 푸르고 아름답게 가꾸어 나가야 한다고 마무리하고 있다.

흔치 않지만 '담배꽁초와 쓰레기를 버리지 맙시다'라는 글귀를 새긴 아크릴판을 나일론 띠로 수목에 고정시킨 장면을 볼 수 있다. 수목은 자람을 멈추지 않는다. 띠를 고무줄이나 용수철로 하였다면 배려의 마음을 읽을 수 있겠는데 철삿줄은 지혜롭지 못하다.

바위에 새긴 이름은 칡덩굴에 가려지겠지만 단단한 끈은 점차 체

관부와 형성층을 압박하여 양분 이동을 어렵게 하여 성장을 저해하며 줄기에 파고들어 흉한 모습을 보여주게 된다. 허리띠를 풀어야 즐거운 식사가 됨을 알면서 수목에게는 졸라매고 있다.

사람과 나무는 공생관계, 사람에게 산소가 필요하고 나무는 이산화탄소가 있어야 하기에 주고받는다. 수목에 청진기를 대고 귀를 기울이면 물 흐르는 소리를 들을 수 있다. 이는 생명의 소리이며 동심을 깨우는 체험이고 자연과 소통하는 것이다.

나무에 물이 잘 흐르게 수목 띠 풀어주기 운동이 전개되었으면….

하동송림 희가소

하동송림.
더위를 가려주고 칼바람 막아 주며
그곳에 인연의 소중함을 깨우치는 소나무 있다네.

겨울답게 영하(零下)의 기온이 계속된다. 계절 본색을 맛보라는 듯 차가운 바람까지 가세하고, 섬진강 따라 골바람에 새벽 운동을 갈마산 공원에서 하동송림으로 바꾸기로 작정한다.

갈마산은 백두대간을 한숨에 달려 목마른 말이 물을 마시는 형상을 닮은 산이다.

능선에 최치원 입산시, 안희제 섬강춘작을 보고 섬호정에 올라 저 멀리 지리산 골짜기에서 꼬불꼬불 내려오는 섬진강을 향해 심호흡하고 '천 년을 당당히 살아가 팽나무 아래 샘물(천당수)'을 한 바가지 마시면 너무 시원하다.

달이 없어도 모래에 반사되는 별빛과 섬진강 물결에 튕기는 그윽한 빛으로 강변길은 먹통이 아니다. 손전등이 없어도 무리가 없다. 우선 물길 따라 일정 거리를 걷는다. 오른쪽은 백사장이고 연하여 강물이며 그 너머 요상한 능선의 산이 무동산이다.

무동(舞童)은 농악이나 걸립패 굿 따위에서 상쇠의 목말을 타거나 외줄 위에서 춤추고 재롱을 부리는 아이를 닮은 형상이라 무동산으로 불리게 되었나 보다. 이름을 음미하며 멀찍이 바라보니 덩실덩실 춤추는 움직임이다.

무동을 주제로 구상해보니 전라도와 경상도를 이어주는 철교를 줄로 하여 고깔을 쓰고 소맷자락 펄럭이며 춤을 추는 아동을 빼다 박은 산이다.

울타리 따라 한참 걸어 개방된 소나무 숲으로 들어선다. 발자국 흔적으로 길은 어둠 속에서도 뚜렷하다. 강은 꽁꽁 얼어 그 위로 매서운 바람 미끄러져 솔밭으로 쏟아지는 기세는 과히 위협적인데 갑자기 잠잠해진다. 소나무 바늘잎에서 칼바람을 잠재우는 비법을 발휘하는 듯하다. 무심으

하동송림 '희가소'

로 소나무 사이를 걷어 무등암 목탁소리 리듬이 되고 종소리 장단이 되어 절로 발걸음이 가벼워진다.

하동송림은 1744년 하동도호부사 전천상이 모래바람과 강바람의 피해를 막기 위하여 심었다. 그 역할을 명증(明證)이나 하듯 하나같이 소나무 껍질이 갑옷처럼 울퉁불퉁하고 꾸불꾸불하여 마치 이무기가 승천하려는 자태로다.

지면 바로 위에서 세 줄기로 나눠 각자 모양을 지니고, 가운데 줄기 세길 높이에서부터 2개의 가지로 나눠져 떨어지기 아쉬운 듯 한길 이상 붙어 있는 형상, 주변 공간을 휘어잡은 소나무, 여기저기 번호표가 있어 소나무가 존재했다는 사실을 말해주고 있다.

드물게 엉김의 미학을 펼쳐 보이는 나무들도 있다. 가지가 뻗어나가다 점점 옆의 나무로 접근하여 어느 시점에서 접촉을 하게 되고 반 바퀴를 서로 감고, 바람에 흔들려 비비대다 서로 생채기를 내어 무척 아팠을 것인데, 오랜 세월 참고 살아왔나 보다.

새벽에 소나무 사이를 걷는 마음은 건강을 유지하겠다는 발로라 할 것이다. 반복 단순 동작은 특정 부위만 단련될 수 있어 시계방향으로 산책코스로 바꾸기로 하였다. 방향이 변함에 따라 섬진교가 보이고 강물이 흘러오는 것을 볼 수 있어 강의 다른 모습이 시야에 포착된다. 또 행동의 변화에 일정한 규칙을 체험할 수 있었다. 며칠을 계속하여 거의 같은 지점에서 터닝을 하게 되었다. 송림의 동쪽 끝 중간지점에 피뢰침을 부착된 인조 소나무 바로 옆이다.

방향을 바꾸는 순간, 몸은 정지 상태가 되어 주변을 살피는 기회가 주어진다. 반 바퀴 회전으로 위를 보자 유별난 소나무 눈에 들어온다.

송림 동쪽 끝 중간 지점에 소나무(관리번호 817).

그 소나무의 밑둥치 2미터에서 두 줄기로 나뉘고 우측 줄기 5미터 지점의 가지에서 두 가지로 갈려졌다가 다시 합쳐져 소눈(牛眼) 모양이다. 다른 가지가 만나 하나로 되면 연리지라 전국적으로 흔히 볼 수 있다. 그런데 하나의 가지에서 나뉘었다가 다시 합친 경우는 드문 연리지이다. 이처럼 '희귀한 가지 소나무'를 줄여 '희가소'라고 부르자.

희가소를 보면서 같은 가지에서 나누어져 다른 가지로 생활하다 다시 하나로 되는 것은 형제는 하늘이 준 것으로 사이좋게 지내야 한다는 것을 보여준다.

물에 비친 아치형 구조물은 소의 눈이 되고

다회탄 칠송정

하동 옥종 동곡마을 입구에 느티나무 수백 년 자리를 지키고 있다. 가지 틈새로 비바람 스며들어 속살은 녹아내리고 몸통 껍질이 벗겨져 세월에 지친 모습 역력하다.

허리가 굽어 나무만큼 연륜을 쌓은 노인에 의하면, 이 마을에 역원이 있었는데 말고삐를 매는 기둥이 되고 길손에게 그늘을 제공하였다고 회고한다.

느티나무 아래 주차시키고 마을회관을 돌아 노송 사이를 지났다. 동곡과 삼장을 연결하는 확장 공사는 산길로 접어들어 대밭이 끝나는 지점에서 멈추었다. 좁은 길을 따라 걷는다.

한참 지나 고개를 들고 보니 비탈진 기슭에 봉실 솟은 흙무덤이 보인다.

비석 하나는 이끼에 가려 읽을 수 없고, 다른 오석에 증도승지임천조공지서 배숙부인연일정씨지묘(贈都承旨林川趙公之瑞 配淑夫人延日鄭氏之墓)로 새겼다.

조지서는 옥종에서 감찰 조찬의 아들로 단종 2년(1454)에 태어났다. 생원, 진사에 장원하였고, 중시에도 장원하여 그가 살던 곳을 삼장원동(三壯元洞)이라 하였다가 지금은 삼장마을로 불리고 있다.

이 마을의 옛 지명은 위연(蝟淵)이었다. 마을 모양이 고슴도치를 닮았고, 연못이 있어 생긴 이름이다. 연못위에 마르지 않는 샘이 있다.

마을 서편에 우뚝 솟은 산은 매의 모습을 하고 있어 매봉산이라 하는데 해동명신록에는 세 번 장원을 할 사람을 낼 지세의 봉우리라 하여 삼장원동(三壯元洞)이라 전한다.

성리학을 국시로 삼은 조선은 교육에 대한 열정이 대단했다. 교육에는 세자라고 예외가 아니었다.

세자 시강원을 두어 교육을 시켰는데 스승을 사부(師傅)라 하였다. 영의정은 師가 되고 좌의정과 우의정 중 한 명이 傅가 되었다. 아래에 이사로 종1품 찬성이며 겸직이다. 종3품 보덕 이하 정7품 설서까지 5명은 전임으로 문과에 급제한 실력파들이었다. 연산군의 세자 시절 조지서 보덕, 허침은 정4품 필선이었다.

세자는 공부에 관심이 없어 강의를 해도 귀 밖으로 듣자 조지서는 책을 던지며 "임금(성종)께 아뢰겠다."고 꾸짖었고, 허침은 부드러운 말로 타일렀다. 예나 지금이나 절대적으로 옳은 교수법은 없다. 조지서·허침式의 교수법이 연산군의 행동유형에 끼친 영향 등을 연구하여 오늘에 되살리는 것은 좋은 사례가 될 것이다.

조지서는 연산군이 왕위에 오르자 창원 부사를 희망하여 지방으로 내려왔다가 잠시 뒤 벼슬을 접고 초야생활을 한다. 인근 덕천강변 경치 좋은 장소에서 낚시를 하며 시름을 달랬는데, 그곳에 아들 조정이 소나무 사이에 정자를 지어 칠송정(七松亭)이라 했다.

조지서는 갑자사화가 일어나 말이나 행동이 도리에 어긋나고 오만하다는 죄목으로 비참한 죽음을 당하니 향년 51세이다. 부인은 시신을 거두지 못하고 떠내려오는 핏물을 치마에 적셔 천리 길 내려와 치마를 묻어 '치마 무덤'으로 불리고 있다.

남명 조식의 『유두류록』에 '칠송정에 이르러 높은 누각에 오른 뒤에 배를 타고 소용돌이 많은 다회탄을 건넜다'고 하였다.

최근까지 노송 일곱 그루가 하늘을 가리며 그 사이에 칠송정이 있었다. 1972년에 시작하여 3년 공사로 칠송보(七松洑)를 설치하니, 정자는 흔적조차 없어졌다. 洑에서 위쪽으로 둘레길 따라 걷다 보면 태평골 못미처 강의 상·하류를 깊게 볼 수 있는 전망 좋은 공간이 있다. 여기에 정자를 세워 칠송정이라 하면 어떠할까.

치마무덤

하동읍성 느티나무

시오리 솔밭 길

이충무공은 두 번 백의종군한다.

처음은 조산만호 겸 녹도 둔전도사로 재직 중 선조 20년(1587) 9월, 여진족의 기습공격으로 녹둔도 전투에서 패하여 북병사 이일의 탄핵을 받고 백의종군 처분을 받는다.

두 번째는 소극적이라는 이유로 통제사직에서 해임되어 원균에게 직책을 인계하고 한성으로 압송되어 투옥되었다. 우의정 정탁의 상소로 사형을 모면하였으며 도원수 권율 밑에서 백의종군하라는 명령을 받았다.

1597년 4월 1일, 한양 옥문을 나서 58일 만에 하동읍성에 도착 성안 별채에서 유하고, 양경산 산길로 우복리를 지나 청수역 냇가에 말을 쉬게 하였다가 합천 초계로 이동한다.

계곡을 가로지른 성벽 틈새에 느티나무 한 그루 눈에 들어온다. 골바람에 나뭇가지가 성안으로 기울고 뿌리가 돌에 눌려 앙상하다. 세월의 생채기가 덕지덕지 붙은 몸통에 기대어 내려다보니, 배다리공원이 눈 밑이며 물레방아와 노래비를 볼 수 있다.

이순신이 머물렀던 별채가 복원되기를 기대하며 주성마을 회관으로 길을 잡았다. 챙이 달린 모자 밑에 연륜의 주름이 깊게 파인 시골 농부가 트랙터를 운전해 가고, 중년 여자가 모는 용달차가 뒤따른다. 예전에는 이 길에 짐을 바리바리 실은 우마차, 길라잡이 앞세운 행렬, 현청에 일 보러 가는 사람으로 메웠고. 백의종군하는 이순신도 끼었던 그 길이다.

마을은 조용하다.

수탉이 날개를 퍼덕이며 한바탕 울어 젖히고, 양지바른 담장 아래 고양이가 오수를 즐긴다. 빨랫줄이 그림자를 길게 땅에 떨어뜨려 놓고, 백발의 할머니가 휠체어를 밀며 마당을 어정거린다.

"할머니! 정두수라는 사람 압니까? 그 사람이 어머니 손을 잡고 학교에 다녔다는데 그 길이 어디에 있나요?"

"이름은 들어 알고 있지. 하동읍성을 넘나드는 그 길을 말하는 모양인디, 흔적은 남아 있지만, 인자는 사람은 못 다녀, 신작로 따라가다 보면 고개 못가서 무지개골로 접어들면 서너 채 집이 있는데 거기부터 가파른 오르막이야. 다 올라가면 학교가 보이지."

말이 길어진다. 대문을 나와 올려다보니 읍성 성벽이 보이고 앙상한 느티나무가 그대로이다. 그런데 이번에는 가지가 안테나 모양이 되었다.

라디오가 처음 나왔을 때 장대 끝에 철사를 거미줄처럼 접어 세우면 소리가 잘 나오던 그 시절의 안테나.

읍성 주변에 떠돌아다니는 신호를 수신하는 인테나를 뒤로하고, 고전 배드리장터 문화관 지나, 흥평마을 이정표를 보고 산길로 접어들었다. 돌고 돌아 중턱에 무지개골 이정표가 보인다.

무지개골 뒤로부터 소년 정두수의 통학길이다. 어머니 손잡고 올랐다가 정상에서 숨 한번 쉬고 달려 내려갔을 것이다. 율촌마을 지나 고전천을 건너면 교문이다. 두수는 그때를 이렇게 풀어내고 있다.

솔바람 소리에 잠이 깨이면 어머니 손을 잡고 따라나선 시오리 길
학교 가는 솔밭 길은 멀고 험하여도 투정 없이 다니던 꿈같은 세월이여.

어린 나의 졸업식 날 홀어머니는
내 손목을 부여잡고 슬피 우셨소
산새들 소리에 날이 밝으면 어머니
손을 잡고 따라나선 시오리 길

뒷날 정두수를 생각하는 사람들은 배다리공원에 「시오리 솔밭 길」 노래비를 세우고 받침돌에 이렇게 새겼다.

시오리 솔밭 길은 하동읍성으로 고전초등학교로 가는 길이다. 성안에는 여기저기 흩어져 있는 기왓장, 듬성듬성 보이는 주춧돌에서는 옛 성터다운 역사의 푸른 향기가 감돌았다. 정두수는 어머니 손에 이끌려 이 길을 걸어서 학교에 다녔다. 보리피리 불 때면 구름밭에서 종달새도 숨어서 노래하던가. 여름의 하늘에 눈부신 궁전을 지으며, 뭉게구름은 너울너울 춤을 추기도 했다. 어찌 무심히 바라보고만 있었겠는가. 풋풋한 시심이 가슴에서 영글었다. 이 시오리 솔밭 길에서….

고전초등학교 정문 옆에 종을 엎어 놓은 형상의 나무가 있다. 귀

인이 햇볕을 가리는 일산인 듯하며 전교생이 더위나 비를 피할 정도의 크기이다. 운동장에 고목이 된 벚나무는 졸업생 모두를 기억한다는 몸매이다. 소년 정두수를 기억하고 있다는 듯 이파리가 '팔랑~ 팔랑~' 떨어져 내린다.

육각형 시멘트 바탕 가운데 조형물은 무엇에 쓰이던 물건인고?

둥글게 다듬은 판판한 받침대 위에 옆면이 경사진 윗돌을 옆으로 세워 얹었다. 소의 힘으로 돌려 곡식을 찧거나 빻는데 사용하던 연자방아의 회전체이다. 이를 관찰하여 생활의 편리함을 추구하였던 조상의 지혜를 헤아리고, 장차 역사를 돌리는 일꾼이 되라는 교훈석이다.

1929년 9월 1일 개교, 정두수는 1937년생이라 해방 즈음에 어머니 손을 잡고 시오리 솔밭 길을 걸어 이 학교에 다녔겠네.

연자방아를 몇 바퀴 돌아보고 교문을 나서자 내 속의 노랫가락이 절로 나온다.

새봄이 오기 전에 잊어버렸나~
고향에 물레방아 오늘도 돌아가는데~

학사대 전나무

신록의 계절에 최치원 지팡이 나무를 찾아 나섰다.

해인사 독성각 옆에 어깨높이로 축대를 쌓고 가운데 두 아람의 전나무가 있다. 영상해설 'QR 찍어보세요, 핸드폰을 올려보세요.'라는 시공을 뛰어넘는 안내문에 의하면,

학사대는 신라 말기 문장가이자 학자였던 고운 최치원(857~?)이 만년에 가야산에 은거하여 시서(詩書)에 몰입하던 곳이다. 그가 이곳에서 가야금을 연주할 때 수많은 학이 날아와 경청했다고 한다. 당시 거꾸로 꽂아 두었다고 전해지는 전나무 지팡이가 지금까지 살아 있으며, 그것을 증명이라도 하듯 가지가 아래로 처져 거꾸로 자라는 것처럼 보인다.

학사대 전나무는 넓은 공간에서 경쟁 없이 햇볕을 받을

해인사 영상해설
NFC
13
학사대
Hill of Scholar | 學士臺
Haksadae is where Choe Chiwon(857~?), a great scholarly writer during
late Silla Kingdom, spent the last years of his life in seclusion. It is said that
when he played the Gayageum(12-stringed musical instrument of Korea),
a flock of cranes flew here to hear him. He stuck his cane into the ground,
and a fir tree grew from it. Truely the tree seems to grow headlong with its
branches drooping down.
2019/05/0
학사대 전나무

수 있다. 중력에 반하는 길이 자람이 필요 없고 부피 자람과 가지가 옆으로 길게 뻗었다. 가지의 중간 부분이 아래로 드리워졌고 잎이 무성하여 바람의 저항을 많이 받을 것으로 우려되었다.

천 년의 전나무이면서 흠결이 없고 날씬하다. 그 나이는 그렇게 만만하지 않는데…, 고개를 좌우로 흔들면서도 학이 날아와 경청했다. 지팡이를 거꾸로 꽂아 가지가 아래로 처졌다는 글귀와 물증을 보자 최치원이 심은 것으로 마음을 굳히게 된다.

자연은 인간의 안목을 반성하라는 기회를 주고 있다. 깨닫지 못하면 영원히 무지 속에 살게 되는 것이다.

9월 7일 태풍 링링의 영향으로 수령 250여 년으로 추정되는「학사대 전나무가 밑동만 남기고 쓰러졌다.」라는 기사 제목을 뽑고 상세히 소개한다.

15세기 조선 성종 때 편찬된 동국여지승람의 고운 선생 사적 편에 '학사대에는 높이 100척(尺), 둘레 3장(丈)에 이르는 늙은 전나무가 자란다.' 라는 내용이 실려 있다. 조선 후기 문신 최흥원의 백불암 집에 1757년 해인사를 둘러본 후 '최치원 선생이 심은 나무가 말라버려 등걸만 남았다. 4그루의 나무를 그 곁에 심게 했다.'고 기록했다. 898년께 고운 선생이 심은 나무는 죽고, 또 나무가 쓰러졌거나 죽었고, 뒤이어 조선 후기에 후계나무를 심은 것이 지금에 이르렀다고 추정된다.

(경남일보 2019. 9. 8.)

전나무가 쓰러진 한 달 뒤 학사대를 찾았다.

그 안내판은 '위험 출입금지'라는 경고문이 차지하고, 주변을 접근금지 띠로 둘렀다. 남아 있는 나무둥치 위를 흰 천으로 덮어 무덤처럼 보이고 부러진 몸통은 담장 밑으로 누웠는데 속은 비었고 검게 변했다.

태풍 '링링'으로 부러진 학사대 전나무

나무도 생물이라 나이 250년을 1100여 년으로 알려졌으니 얼마나 무겁게 살아왔을까. 사람으로 비유하면 손자가 할아버지 나이로 살아야 한다면 속이 검게 타지 않겠는가. 후계목이라 밝혔다면 더 오래 살았을 것이다. 전설은 전해 오는 이야기이다. 안내판에 기록하면 사실이 되기도 한다.

탐방객들은 그 전나무를 영원히 볼 수 없다는 안타까움과 서운한 눈길을 보낸다. 위로하는 의미로 무슨 일이 있었고 어떻게 하겠다는 알림이라도 있으면 좋겠다. 후계목을 심고 넘어진 전나무 몸통으로 의자를 만들어 쉬면서 학사대 전나무 전설이 쭉 이어지기를….

고운 최치원 지팡이 나무

고운 최치원이 지팡이를 심어 나무가 되었다는 하동 범왕리로 향한다. 화개천을 따라가다 범왕천과 만나는 지점에서 급하게 물길이 도는 구역으로 들어서면 화개초등학교 왕성분교장 교문 입구에 고목을 볼 수 있다.

우리나라에 있는 푸조나무(경남기념물 제123호) 중에서 가장 큰 나무이다. 높이 25미터, 둘레 6.25미터, 사방으로 뻗은 가지는 동서 25.9미터, 남북 29.2미터가 되고 나이는 500살 정도이다.

나무 옆 안내판에 꼬리가 긴 새가 날아가는 모습을 배경으로 흰 수염을 날리며 왼손에 지팡이, 짚신을 신고 바위에

앉은 도인이 있다.

고운 선생이 벼슬을 버리고 지리산으로 들어가기 전 화개천 세이암에서 귀를 씻고 지팡이를 꽂고 산으로 들어가면서,

"이 지팡이가 살아 있으면 자신도 살아 있을 것"이라는 말을 남기고 학을 타고 속세를 떠났다고 전한다.

푸조나무는 외래어인가?

푸조(PEUGEOT)는 차체가 중후하고 날씬한 프랑스제 자동차라는 선입견이 형성되어 본래의 뜻을 헤아리기 어렵다.

한자가 우리말로 자리매김하면서 뜻과 소리로 구분된다. 椋은 '푸조나무 량(양)'이다. 음은 량 또는 양이며 뜻은 푸조나무이다.

국립국어원 표준국어대사전에 '푸조나무'를 검색하면,

느릅나뭇과의 낙엽 활엽 교목. 높이는 20미터 정도이며 잎은 어긋나고 달걀 모양인데 톱니가 있다. 봄에 녹색 꽃이 피고 열매는 핵과(核果)로 10월에 검게 익는다. 열매는 식용 목재는 기구(器具)를 만드는 데에 쓴다. 강가나 촌락 부근에서 자라며 전남, 경남, 대만, 중국 등지에 분포한다. 팽나무와 비슷하다고 하여 개팽나무, 곰병나무라 불리기도 한다.

고운 선생의 출생은 알지만 죽음에 대하여 알려진 바가 없다. 선생의 나이로 세상 변화를 알아보면, 50세에 당나라 멸망, 61세에 고려 건국, 78세에 신라가 멸망하자 고려가 후삼국을 통일한다. 그의 천재성을 인정하면서 시대가 받아 주지 않음을 비관하여 산으로 들어가 신선이 되었다고 회자되고, 입산하기 전에 여러 기적을 남기고 있다.

고운의 지팡이가 나무가 되었다는 설화는 시대를 넘어 전해진다.

해인사 학사대 전나무와 하동 범왕리 푸조나무 등이다. 고운이 직접 심은 나무라면 천년은 넉넉히 되어야한다. 지팡이에서 움이 틈은 가능성이 있지만 수령 천년은 설득력이 약하다. 후계목으로 추정되는데 학생에게는 보고 들은 내용이 바로 지식이 되는바 눈높이에 맞는 설명이 필요하다.

학사대 전나무는 주변에 경쟁 나무가 없어 길이 자람이 필요하지 않아 수평으로 가지가 길게 자라고 아래로 햇빛을 받을 수 있는 공간이 있어 가지가 쳐진다. 거꾸로 심었다는 것은 전나무는 주어진 환경에 적응할 뿐인데 신비로움을 더하기 위한 인위적인 해석이라 할 수 있겠다.

시대적으로 학사대 전나무 보다 범왕리 푸조나무를 뒤에 심은 것으로 볼 수 있겠다. 왜냐하면 '가야금을 연주할 때 수많은 학이 날아와 경청했다.' 그리고 '학을 타고 속세를 떠났다.'라고 설명하고 있기 때문이다.

학을 탈 수 있는 조건은 사람의 경지를 벗어나야 가능하다. 따라서 고운의 입산처는 지리산으로 볼 수 있겠다.

땅에서 文昌侯 천상에서 文昌星

Ⅰ. 들어가며

최치원(857~?)은 성균관대성전 선성선현위패 봉안위차도(成均館大成殿 先聖先賢位牌 奉安位次圖)를 살피면 서벽배향(西壁配享) 제1위에 모시고 있다.

본관은 경주, 자는 고운(孤雲) 호는 해운(海雲)이며 신라 사량부 사람이다. 12세에 유학을 떠날 때 부친 최견일은 "10년 안에 과거급제하지 못하면 내 아들이 아니다"라는 말로 각오를 다지게 한다.

최치원(이하 고운 선생으로 칭함)은 헌강왕 11년(885) 귀국할 때까지 17년 동안 당나라에 머물면서 여러 문인들과 사귀었고, 절도사 고병(高駢)은 도통순관으로 승진시키고, 황제에게 특별히 추천하여 승무랑(承務郞), 전중시어사(殿中侍御史), 내공봉(內供奉)의 세 가지 직첩과 비어대(緋魚袋)까지 하사 받게 했다.

고운 선생은 문서 일을 맡아 4년간에 쓴 글이 1만 首나 되었다. 그 중에 가장 유명한 것은 격황소서(檄黃巢書)이다. 귀국하여 자료들을 10개월에 걸쳐 28권으로 엮고, 계원필경 등을 헌강왕에게 바쳤다. 진성여왕 8년(894) 구국의 직언을 하니 시무십여조(時務十餘條)이다.

고운 선생은 언제 세상을 떠났는지 알려지지 않은 채, 산천을 유람하다 죽었다 또는 신선이 되었다는 설이 떠돌고 있다.

고려시대 증직되고 문창후에 봉해지며 후손은 높은 벼슬을 받는다. 과연 고운 선생은 어떤 연유로 사후에 이 같은 대우를 받게 되는 것일까.

Ⅱ. 고운 최치원

1. 고운 선생은 자부심 강한 신라인

18살(874년) 때 빈공과에 급제하며. 자신을 뽑아준 당나라 예부상서 배찬에게 감사의 편지를 보낸다.

"덕분에 이전의 치욕을 씻을 수 있었습니다. 앞으로는 바뀌는 일이 없게 될 것입니다."

이전의 치욕이란 2년 전 빈공과에 발해 유학생 오소도가 수석 합격한 것을 말한다.

877년 빈공과에 오직 신라인 두 명이 합격하자 고대부에게 감사의 뜻을 전한다.

"대부의 엄정한 시험 관리로 '박인범과 김악'은 급제했지만, '추한

오랑캐'는 용납하지 않아 과거에 흠집을 내지 못하도록 했습니다."

2. 부모님을 그리워하는 마음

"바다가 막혀 부미(負米:부모 봉양)의 뜻을 이루기 어렵고 오래도록 고향 사신이 없어 편지도 부치기 어렵던 차, 마침 본국의 배가 바다를 지나간다 하니 이 편에 차와 약을 사 집에 부쳤으면 합니다. 제가 어버이 품을 떠난 지 오래라는 것과 이왕 품팔이 신세를 면한 이상 반포(反哺)의 심정이 간절하다는 것을 감안하셔서, 석 달 치의 급료를 받아쓰도록 해주셨으면 합니다. 바라는 바는 저의 녹(祿)이 어버이에게 미쳐 멀리 이역에 영광을 나누고자 하는 것입니다."

3. 아버지는 기다려 주지 않고

귀국해 보니 보고 싶어 했고 봉양하기를 다짐했던 아버지는 이 세상에 없었다. 귀국 길에 바닷가에서 반년을 보낼 때 아버지가 별세한 듯하다.

대숭복사 비문에,

'나는 중국에서 과거에 급제했지만 우구자(虞丘子)의 긴 통곡만 해야 했다. 이제 부모 가신 뒤의 부질없는 영광만 누릴 뿐이다.'란 구절이 있다.

4. 후학교육과 국토순례의 고행

고운 선생은 무겁고 착잡한 마음으로 전국 순례에 나선다. 중국에 있을 때부터 산수를 사랑했고 또 자신의 은퇴는 정치로부터 떠난 은퇴이지 산천 사랑과 민족애로부터 은퇴는 아니었기 때문이다.

고운 선생은 국토순례 과정을 통해 후학 교육에도 많은 시간을 배려한다. 그의 문인들로서 고려 초기에 벼슬한 이가 많았다. 제자들에게 교훈이 되는 글을 남긴다.

願言扃利門 不使損遺體
爭奈探珠者 輕生入海底
身榮塵易染 心垢水難洗
澹泊與誰論 世路嗜甘醴

자네들 부디 이욕엔 문을 닫고
부모께 받은 귀한 몸, 상치 말아라.
어찌타 진주를 캐는 저 사람
목숨 가벼이 여기고 바다 밑을 들어가는고.
몸이 영화로우면 티끌에 더럽혀지기 쉽고
마음에 낀 때는 물로도 씻기 어렵다.
담박한 맛, 누구와 의논하랴
세상 사람들은 단술만 좋아하는 걸

5. 하동쌍계사

신라 말의 혜소(慧昭)는 역대 왕에게 숭앙을 받다가 850년 쌍계사에서 입적한다. 35년 지나 헌강왕은 시호를 진감선사(眞鑑禪師), 탑명을 대공영탑(大空靈塔)이라 추증하고 전각(篆刻)을 허락하여 길이 영예를 다하도록 하였다.

887년(진성여왕 1)에 건립, 고운 선생이 귀국한지 3년 만인 31세에 문장을 짓고 쓰고 승려 환영(奐榮)이 새겼다. 사산비명의 하나로서 1962년 국보 47호로 지정되었다.

고운 선생은 쌍계사를 찾은 흔적이 여러 곳에 있다. 절로 들어가는 입구 커다란 바위에 쇠지팡이로 썼다는 쌍계석문(雙磎石門)이라는 글자가 있다.

고운 선생에게서 유래한 지명은 가탄(加灘), 石門부락이 있고, 각자로 환학대(喚鶴臺), 마족대(馬足臺), 완폭대(翫瀑臺), 취적대(吹笛臺) 등이 있다.

고운 선생이 머물렀다는 청학동(靑鶴洞), 삼신동(三神洞)으로 규정지었던 신흥마을이 있고, 귀를 씻었다는 세이암(洗耳岩)의 건너편에는 신흥사에 머물 때 꽂아 둔 지팡이에서 싹이 나 자랐다는 푸조나무 휴계목이 있다.

6. 고운 선생은 68세까지 생존

최소 68세까지는 생존했다는 증거가 있는데 지증대사비(智證大師碑)이며 924년에 세워졌다. 이 때는 고운 선생이 은둔을 시작한 지 26년이 되는 해인 68세 때이다.

이 비의 서문은 "入朝賀正 兼 迎奉皇花等使 前守兵府侍郎 忠瑞書院學士 賜紫金魚袋 臣崔致遠 奉敎撰이다." 풀이하면,

"중국에 갔다 온 하정사 겸 황제칙사 영접사 전 수병부시랑 충서서원학사 자금어대를 하사받은 신 최치원이 임금의 교서를 받들어 짓는다."

7. 지리산 둔세시

고운 선생이 지리산을 읊은 글로 화개동시(花開洞詩: 지리산 둔세시)는 이수광의 지봉유설에 전하고 있다.

조선 선조 24년 어느 날, 한 노승이 첩첩산중의 지리산 골짜기를 헤매다가 석굴에서 여러 권의 책을 발견했다. 그 가운데 최치원의 시첩에 16수가 수록되어 있었다. 당시 구례군수 민대륜이 이를 입수하여 나에게 보내주었다. 필적이 분명한 최치원의 것이요, 시 또한 예스럽고 기이하여 그의 작품임을 의심할 바 없었다.

東國花開洞　壺中別有天
仙人推玉枕　身世欻千年

우리나라(東國) 화개동은
항아리 속의 별천지
신선이 옥베개를 밀치며 잠을 깨보니
세월은 벌써 천년이 지났네.

항아리 속의 별천지라는 구절을 '진감선사탑비문'에서 볼 수 있다.

화개곡의 삼법화상이 세운 절의 남은 터에 진감선사가 당우를 꾸려내니 절의 모습을 갖추었다. 몇 해를 머물자 법익(法益)을 청하는 사람이 벼와 삼대처럼 줄지어 송곳을 꽂을 데도 없었다. 드디어 빼어난 경계를 두루 가리어 남령의 기슭을 얻으니 앞이 탁 트여 시원하고 거처하기에 으뜸이었다. 이에 선려(禪廬)를 지으니 뒤로는 안개 낀 봉우리에 의지하고 앞으로는 구름이 비치는 골짜기 물을 내려다보았다.

중국(西土)에 다녀온 사람들이 이곳에 와서 머물게 되면 깜짝 놀라 이르기를,

"혜원공의 동림사가 바다 건너로 옮겨 왔도다. 연화장 세계는 범부의 생각으로 헤아릴 수 없지만 항아리 속에 별천지가 있다한 것은 정말이구나(壺中別有天地則信也)"하였다. 대나무 통을 가로질러 시냇물을 끌어다가 축대를 돌아가며 사방으로 물을 대고는 비로소 옥천(玉泉)이라는 이름으로 현판을 하였다.

Ⅲ. 고려 현종

1. 배방사

사천시(泗川市)의 진산 와룡산(해발 798m)에는 고려 현종이 어린 시절을 보낸 배방사 터가 남아있다.

현종의 아버지는 고려 태조 왕건의 8번 째 아들 욱(郁)이고 어머니는 헌정왕후이다. 헌정왕후는 郁의 이복형인 대종(大宗)의 둘째 딸이며 제5대 경종의 네 번째 왕비이다. 헌정왕후의 언니 헌애왕후 또한 경종의 비였는데 경종이 26세의 젊은 나이에 죽자 자매는 과부가 되었다.

헌정왕후는 궁궐에서 나와 살게 된다. 근처 시숙부 郁의 집을 자주 왕래하다가 사랑에 빠지게 되고, 아들을 낳게 되었으니 대량원군 순(詢)이다. 詢을 낳자마자 헌정왕후는 죽고, 성종은 郁(욱)을 사수현(泗水縣) 사남 땅에 귀양 보낸다.

詢은 천애고아와 다름없는 신세가 되었다. 성종은 詢을 궁궐에서 키우게 하는데, 보모는 "아버지"란 말을 반복해서 가르친다.

성종이 아이를 불러 대하는데 "아버지"라 부르며 무릎 위로 기어올라가서 옷깃을 당긴다. 성종이 눈물을 흘리면서 "이 아이가 아버지를 그리워하는구나."하고 郁이 있는 사수현으로 보냈다.

부자상봉의 길은 열렸지만 함께 살 수 없었다. 詢(순)을 배방사에

맡겼기 때문이다. 郁은 아들을 만나기 위해 매일 배방사를 찾았다. 아들이 다섯 살 되던 해(성종 15년, 996)에 郁은 죽고, 이듬해 詢은 개경으로 올라오게 되고 이듬해 성종마저 죽는다.

詢의 이모 헌애왕후는 성종이 죽고 목종이 즉위하자 섭정을 하였다. 이때부터 천추태후(天秋太后)로 불린다. 김치양 사이에 아들을 출산하면서 詢에 대한 미움이 더 커졌다. 성종은 김치양을 먼 곳으로 귀양 보냈으나, 목종이 즉위하면서 천추태후는 그를 다시 불러들였고 불륜의 관계가 지속되었다. 마침내 아들을 하나 낳으니 그로 하여금 목종의 뒤를 잇게 하려고 했다.

천추태후는 詢을 승려로서 숭교사에 머물게 하였다. 그 절의 스님이 꿈을 꾸었는데, 큰 별이 절 마당에 떨어져 용으로 변하더니 다시 사람으로 변하는데 바로 詢이었다는 것이다.

목종 9년(1006)에는 詢을 삼각산 신혈사에 거주하도록 하였다. 詢은 천추태후와 김치양의 암살시도를 피해가며 포부를 키워나갔다. 이러한 상황을 알고 있던 목종은 마침내 태조 왕건의 친손자 詢에게 왕위를 물려주었으니 그가 바로 고려 제8대 현종(재위기간 1009-1031)이다.

詢은 왕으로 즉위한 후, 아버지 郁을 효목대왕(후에 안종으로 추존), 어머니를 효숙태후로 추존하고, 아버지의 능을 개경으로 옮겨 건릉이라고 이름 짓고 후에 무릉으로 개칭했다.

은혜를 베푼 땅이라 하여 당시 진주목에 속했던 사수현(泗水縣)을 사주현(泗州縣)로 승격시켰다. 그 때 전국에는 12개주(州)만 있었으니 가히 파격적이라 할 것이다.

이때를 '고려사절요'에서는 현종 6년(1015년)이라 기록하고 있다. 당시 泗州를 왕의 고향이란 뜻의 풍패지향(豊沛之鄕)이라 했는데, 역사적으로 이렇게 불리는 곳은 고려시대 사주(泗州)와 조선시대 전주(全州) 두 곳 밖에 없다. 이후 사천(泗川)으로 개칭된다.

2. 안종능지

왕건의 아들 郁은 사수현 사남 땅에 귀양을 와 살다가 4년 뒤 아들 詢을 배방사에 남기고 안종능지(安宗陵址)에 묻혔다.

郁은 아들에게 금 한 주머니를 주면서,

"내가 죽거든 이 금을 지관에게 주고 나를 이 고을 성황당 남녘 귀룡동(사남면 능화마을 뒷산)에 매장하되 반드시 엎어서 묻게(伏屍而葬) 하라."

시체를 엎어서 묻으면 더 빨리 임금이 난다고 믿었기 때문이었다. 郁이 죽은 지 13년 만에 詢은 왕이 된다. 詢이 어린 시절 이곳에서 지었다는 사아시(蛇兒詩)가 전해져 온다.

작디작은 꽃뱀 새끼가 난간에 올랐고
나온 몸은 비단 같고 반점은 아름답네,
이 작은 꽃뱀도 숲에만 살 것이라 말하지 말라.
때가 오면 하루에 용이 되어 하늘에 오를 것을,

Ⅳ. 고려에서 인정받는 고운 선생

고운 선생은 고려 현종 11년(1020) 8월 내사령(內史令)에 추증(追增), 현종 14년(1023) 2월 문창후(文昌候)로 추봉(追封)된다. 문종 28년(1074) 5대손 선지(善之)를 도염서사로 삼는다. 고운 선생의 탄생을 시점으로 163년 만에 내사령, 167년 만에 문창후로 된다. 후(侯)는 다섯 등급으로 나눈 귀족의 작위 중에 둘째 작위이다. 또 탄생 217년 후에 손자까지 은혜를 받는다.

이 같은 예는 공자와 아들 공리(孔鯉)에서 볼 수 있다.

공자의 묘비명은 대성지성문성왕묘(大成至聖文成王墓)이고 옆에 있는 공리의 묘비명은 사수후묘(泗水侯墓)이다. 아버지 공자는 문성왕이며 태어난 곳이 사수현(泗水縣)의 사수(泗水)이므로 공리를 사수후로 봉한 것이다.

과연 신라인으로서 강한 자부심과 시대의 흐름을 통찰하고 있던 고운 선생이 고려에 어떤 영향을 끼쳐 이러한 특전을 누리게 되었을까?

1. 삼국사기에 왕건이 흥기(興起)할 때 최치원은 비상한 인물이 천명을 받아 개국할 것을 알고 글을 보내 문안했는데 '계림은 누른 잎이고 송악은 푸른 소나무(鷄林黃葉 鵠嶺青松)'란 구절이 있었다. 치원이 개국을 은밀히 도운 그 공을 잊을 수 없다 하여 증직하고 문창후로 추봉하였다.

2. 고려 때 고운 선생에게 증직이 내려진 것은 그가 이 나라 학문의 최고봉이요 또 문학의 시조라 존경한 것이다

3. 한림학사로서 해인사 학사대에서 가야금을 연주하면 학이 날아와 경청하였다고 한다. 전국순례에 나서자 귀국한 당나라 유학생을 포함하여 많은 젊은이들이 따랐다. 그들에게 새로운 학문을 가르치고 많은 지혜를 전수하였다. 그중에는 고려에 벼슬한 인물이 많았고, 이들이 고려에서 기반을 다지기 위하여 고운 선생의 업적을 널리 알렸을 것이다.

4. 고려 현종은 고운 선생을 잘 알고 있었다. 어린 나이 당나라 유학을 떠나는 아들에게 "10년 이내에 급제하라."는 당부와 귀국하고 보니 아버지는 죽고 없었다. 시들어가는 신라를 살리고자 노력하지만 신분제약으로 좌절을 하는 과정은 현종과 처지가 유사하다.

현종은 "나를 귀룡동에 매장하되 엎어서 묻게 하라"라는 아버지 유언에 따르고, 천추태후로부터 온갖 위협으로부터 살아 왕이 된다.

고려 태조 왕건은 전국 각지의 호족이 바치는 여인들을 받아들여 아내가 29명이나 되고 자손들이 많아 왕권에 도전하는 무리가 많았다. 현종은 경순왕이 고려에 귀부(歸附)하니 왕건이 장녀 낙랑공주를 경순왕의 아내로 주었고 경순왕은 답례로 백부 김억렴의 딸을 왕건의 아내로 주니 이가 신성왕태후이고 손자가 현종이다.

현종은 왕권을 유지하는 데는 확실한 지지 세력이 필요하였다. 신

라 유민의 민심을 얻기 위하여 고운 선생을 높이는 것은 적절한 전략으로 보인다.

5. 고운 선생의 고려비망록

고려 현종(11년)은 문무 대신에게,

"거란과 전투에서 개경을 방어하기 위해 퇴각하는 김종현 장군 앞에 고운 선생이 신선이 되어 청마를 타고 나타나 고려비망록(高麗備忘錄)의 내용을 깨우쳐 주고, 전장 터에 다시 투입시켜 거란군을 괴멸시켜 귀주대첩으로 대승을 거둘 수 있도록 기회를 제공했다.

고운 선생은 외침에 대비한 高麗備忘錄을 남기고 신선이 되었는데 알고 대비를 했더라면 고려 사직이 이렇게 위태롭지는 않았을 터이다. 나는 태조부터 귀주대첩에 이르기까지 고운 선생의 공적을 잊을 수가 없다."고 선언하고 내사령에 증직하고 동방선현묘정에 모시고 영구히 종사하라고 지시를 내렸다.

Ⅴ. 마무리

신라인으로 자부심이 강하고 각고의 노력 끝에 빈공과에 우수한 성적으로 합격, 관원으로 뛰어난 자질을 발휘한다. 특히 檄黃巢書로 문명을 널리 떨치고, 귀국하여 시들어가는 신라를 살리기 위하여 방책을 건의하고, 후학교육에 매진한다. 가는 곳 마다 바위에 글을 새기고, 비문을 짓고 쓴다.

실로 고운 선생은 자기표현이 강하고 이름을 오래 알려지기를 바라는 현실참여 의식이 투철하다. 고려 현종은 '땅에서 文昌侯(문창후) 천상에서 文昌星(문창성)'이라는 시호를 내리고, 후손을 우대한다.

일설에 의하면,

'최치원을 홍산에서 장사지냈으며 묘가 가야산록 홍산에 있다.'고 한다. 고운 선생의 사망 년도가 밝혀지기를 기대해 본다.

〈참고자료〉

1. 전주향교 홈페이지.
2. 이기환의 흔적의 역사, 경향신문(2013.10)
3. 시조 고운 최치원선생 바로보기, 최재욱
4. 법보 신문, 2018.4.
5. 경남도민신문, 2015.6.
6. 고운 최치원과 고려제국, 최재호

파랑새 되어 정령송에

누에고치를 닮은 자연석에 玉洞마을(경남 사천시 곤명면 은사리)이라 새겼다. 글자 玉은 세 개의 구슬을 끈에 꿴 모양으로 중국 서북에서 나는 보석을 나타내고, 점을 더하여 王과 구별하니 귀한 사람과 연관이 있는 마을이구나.

하천 따라가다가 골짜기를 벗어난다. 연꽃잎 같은 봉오리를 머리에 얹은 산으로 둘러싸인 들판이 나온다. 눕힌 유리병 속으로 들어온 듯하고, 포장된 마을길을 따라 한참 오르자 길목에 커다란 바위와 정자가 보인다.

세운 바위는 나그네에게 무엇을 새길 것인가 생각하라는 장치인 듯하다. 옆에 경상남도 기념품 31호 단종태실지라는 새기고 논길 방향으로 화살표를 담은 안내판을 세웠다. 편액을 걸 자리조차 없는 정자 너머로 달걀 모양의 동산이 보인다. 아, 똥뫼에 태를 묻었나 보다.

단종은 세종 23년(1441년) 문종과 현덕왕후 권 씨 사이에 외아들로 태어났다. 권 씨는 단종을 낳고 사흘 만에 죽고 세종은 손자를 지켜주고자 태를 자신의 태실 가까이 묻게 한다. 12세에 왕, 14세에 정순왕후 송 씨와 혼인, 15세에 선위, 17세에 노산군으로 강봉되어 영월 청령포로 유배, 광풍헌으로 처소를 옮겼다가 10월에 이승을 하직한다.

정순왕후는 관비가 되어 슬하에 자식이 없는 후궁이나 남편 잃고 혼자 살아야 했던 왕실의 여인들이 기거했던 정업원으로 보내지고, 단종이 사사된 후 64년을 살다 82세로 생을 마감한다. 자신을 왕비로 간택, 폐비로 만들고 남편에게 사약을 내린 시 숙부 세조보다 53년을 더 살았다. 시사촌 덕종과 예종, 시조카 성종, 시손 연산군의 죽음까지 지켜보기도 했다.

1698년 숙종에 의해 단종 대왕으로 복위, 암매장된 시신을 찾아 안장하여 장릉으로 격상된다. 송 씨도 정순왕후로 복위, 평생 단종을 생각하며 밤낮으로 공경함이 바르다 하여 능호를 사릉이라 한다. 후세에 사릉의 소나무를 장릉에 옮겨 심어 부부의 연을 맺어주었고 이 나무는 정령송이다.

원통한 새가 되어 궁궐에서 나오니
짝 잃은 외로운 몸이 깊은 산중에 있구나
밤마다 잠들려도 그럴 겨를이 없으니
수없이 해가 가도 끝남 없는 이 한이여
새소리 멎은 새벽 뫼엔 조각달만 밝은데
피눈물 나는 봄 골짜기엔 낙화만 붉었구나
하늘도 귀가 먹어 슬픈 사연 못 듣는데
수심 많은 사람의 귀만 홀로 밝게 듣는고
- (정순왕후 시)

모내기가 끝난 농로를 따라가다 보니 동산을 에워싸 흐르는 물이 합쳐져 여울물 소리는 들리지만 무성한 잡초에 가려 피라미 한 마리 볼 수 없다. 좁은 다리를 건너자 두꺼비가 웅크린 형상의 천년 바위 옆으로 아름드리 소나무들이 늘비하다. 바람에 몸통이 굽어지고 무심한 세월을 한탄하는 듯 가지가 말라가고 있다.

소나무 숲에서 '뻐꾹 뻐꾹' 울림이 요란하다. 뻐꾹새는 철새라 둥지가 필요치 않아 산란을 어떻게 할까나….

수컷이 알을 품고 있는 딱새를 보고는 매처럼 날자 딱새가 놀라 둥지를 떠나는 순간, 암컷은 둥지에 알을 낳는다. 끼워 넣은 알이 먼저 부화하여 딱새 알과 새끼를 둥지 밖으로 밀어내어 버린다. 상황을 모르는 딱새는 지극 정성으로 키우고, 뻐꾹새 새끼는 성장이 빨라 딱새 어미의 머리가 입속으로 들어갈 정도까지 덩치가 자라자, 맴돌고 있는 어미 뻐꾹새에게로 날아가 버린다.

소나무 사이로 비탈길 흔적이 있어 발밑을 보고 올라가 고개를 들자 오른쪽으로 각종 문양을 새긴 사각형의 비석을 받치고 있는 돌 거북이 있다. 영락없는 아기 거북이다. 작은 발을 몸에 바짝 붙이고 겁에 질려 고개를 치켜들고, 냄새를 맡으려는 듯 콧구멍을 활짝 열었으며 눈을 부릅뜨고 있다. 왼쪽에 연꽃 형 석주가 있다. 금방 머리를 내민 연꽃이다. 꼭대기는 구슬을 얹었고 아래는 피어나기 전의 연꽃잎, 줄기 아래 연잎이 수면에 펼쳐 있다.

연꽃 석주 밑에 위로는 꺾이고 옆으로는 쪼개진 만신창이 비석.

앞면에 大王. 뒷면에 百七年甲寅이라는 글귀를 읽을 수 있다.

大王은 태실의 주인을 지칭하는데 누구인가.

端宗이라는 두 글자가 남아 있다면 그나마 위안이 되겠는데…, 단종에서 노산군으로 감봉되고 사사되면서 기록과 흔적을 지우지 않았겠는가. 百七年

甲寅은 연호와 년도로 태실비를 세운 시기를 나타내는 것이다.

일제는 조선 왕조의 정기를 끊기 위해 전국에 산재한 태실을 경기도 양주로 옮기고 태실지는 민간인에게 불하하였다. 단종 태실지에 최 씨의 시신이 묻히면서 태실비는 파손되고 석물은 훼손된 것으로 볼 수 있다. 딱새 둥지를 차지하고 있는 새끼 뻐꾹새를 보는 듯하지만, 누가 그 뻐꾹새를 염치없다고 하겠는가.

뻐꾹새 우는 소리 멀리멀리 퍼져간다. 보릿고개 시절, 그 소리는 손자 키우는 할머니의 마음을 아프게 할 정도였다. 아마 딱새 알과 새끼까지 밀쳐내고 둥지를 차지한 채, 이런 사실을 모르는 딱새 어미에 감사와 회한으로 애절하게 부르나 보다.

단종 대왕이여!

부디 한을 땅에 묻고 파랑새 되어 정령송 가지에 쉬었다가, 저 멀리 파란 하늘로 날아가 미움도 욕심도 없는 그곳에서 정순왕후 만나 회포를 푸소서.

점 하나 찍어 청령포

추위가 지나고 훈풍으로 대지를 긴장시키는 2월, 영월을 향하여 길을 잡았다. 먼 산에 잔설이 보이더니 장릉 솔밭은 발목까지 빠지는 눈밭에 칼바람이다. 한이 서려 그런가.

단종은 계유정란 후폭풍으로 왕위를 빼앗기고, 금성대군이 순흥에서 주동한 복위운동이 실패되자, 노산군으로 강봉, 세조 3년(1457) 6월, 영월로 유배된다. 그해 여름 홍수로 유배지가 침수되자 8월 광풍헌으로 처소를 옮긴 후 10월에 이승을 떠났다.

241년 지나 단종 대왕으로, 무덤은 장릉이 되었다.

능선 따라 시선을 옮기니 상단에 능침이 보인다. 능선 길에 의자가 놓여 쉬엄쉬엄 발걸음을 옮기다가 특별한 소나무.

정순왕후가 묻힌 사릉에서 옮겨와 심으니 이승에서 애절한 사연일랑 파랑새에 물려 보내고 저승에서 해후하라는 정령송이다.

나는 우는 듯 웃으며 죽었습니다.
이제 남은 것이라곤 당신이 계신 그곳으로 갈 일밖에 없네요.
깊고 어두운 숲을 지나고 안개 자욱한 강을 건너는 머나먼 길이라지만
흔연한 마음에 한걸음에라도 달려갈 수 있을 것만 같습니다.
다만 심사에 깃드는 걱정은 헤어진 지 꼬박 예순다섯 해
이젠 여든 두 살의 백발노인이 되어버린 나를
행여 당신이 알지 못할까 하는 것뿐입니다.

(정순황후의 시)

조금 오르니 능이다. 좌우 산이 대칭으로 감싸고 앞으로는 열려 동남풍이 들어오고 먼 산을 볼 수 있겠다. ㄴ자형 참도 끝에 정자각(丁字閣)을 배치하고 그 연장선 산 위에 능침이 있다. 직선형 제향 공간과 다른 형태이다.

호장 엄홍도는 강물에 떠다니는 노산군의 시신을 들쳐업고 어머니 산소로 정해 놓은 이곳에 매장했다가 오랜 세월이 흐른 뒤 안장되어 장릉으로 되었기 때문이다.

능침 아래 소나무 숲에서 뒷짐 지고 거닐며 생각을 펼치려 하지만 추위에 쫓겨 단종 유배지를 찾는다.

들어왔던 길로 되돌아 나가 회전 교차로에서 좌회전하자 화강암을 세워 청냉포(淸冷浦)로 새겼다. 단종 대하듯 다가가니 냉(冷)이 아니고 령(泠)이다. 평창과 원주 방향에서 흘러와 골짜기를 숨 가쁘게 돌아온 서강의 물줄기는 엄청 맑고 물소리마저 차가운 곳이라 청냉포라 함이 적절하겠는데….

달려가면 금방이건만 물길이 가로막아 나룻배에 몸을 실었다. 강물이 흙을 싣고 흐르다 굽이를 돌면서 안쪽의 유속이 느려 내려놓은 모래로 강변을 만들고, 그 너머 소나무 숲이다.

발길이 뜸한 소나무 아래 낮은 철제 울타리 속에 비스듬한 비석 앞에 섰다. 금표비이다. 비두는 파란 이끼에 내맡기고, 비신의 바탕은 발랐던 진흙이 말라 무늬를 내고 색 바랜 형상이다.

1726년 윤양래는 영월부사로 부임한다.

옛 임금께서 임어 하시던 곳이기에, 풀 한 포기 나무 한 그루 소중하지 않은 것이 없다. 옛 모습 그대로 보존해야겠다는 뜻을 굳히고, 세인의 출입을 금지하는 표석을 녹봉을 몽땅 털어서 세운다. 원래의 땅 이름이 청냉포이라 앞면에 청냉포금표(淸冷浦禁標)로 새겼다.

그날 밤 잠을 이루지 못한다. 밤새 뒤척이다가 겨우 답을 찾았다.

임금의 유지에 차다고 하는 冷자가 새겨짐은 온당치 못하다. 맑은 물이 흐르는 냇가에 가면 배움이 있으니 그곳에 가면 깨달음을 얻게 된다는 泠자가 적당하다.

다음 날 석공을 데리고 건너가서 고드름을 나타내는 두이 변(冫)

사이에 점을 하나 넣어서 깨우칠 泠자로 만들었다. 자세히 보니 泠자의 삼수변(氵) 모양이 파격적이다.

차례로 점 두 개를 찍고 비켜 올려야 삼수변이 되는데 두 번째 점의 위치가 아래로 쳐져 어색하다.

뒷면은 동서삼백척 남북사백구십척 차후니생역재당금(東西三百尺 南北四百九十尺 此後泥生亦在當禁)이니, 동서로 3백 남북으로 4백9십 척은 왕이 계시던 곳이므로 일반인들은 들어오지 마라는 고시이다.

왼쪽 측면에는 숭정구십구년병오십월일립(崇禎九十九年丙午十月日立)으로 건립한 시기를 기록하였다.

특이한 구절은 此後泥生亦在當禁(차후니생역재당금)이다. '이후로 생기는 진흙에도 금표를 적용한다'라는 단서 조항이다. 물길이 굽어 있는 안쪽에 퇴적물이 쌓여 지반이 형성되니 금표비 세워진 이후의 지형 변화를 감안한 지혜가 엿보인다.

1733년에 영월부사 윤양래는 경기감사가 되어 영조 대왕을 알현하는 자리에서 이실직고 하고,

"신이 영월 땅에 재임할 때 감히 전하의 허락도 받지 않고 선왕의 유지에다 금표 하나를 세웠나이다."

"수없이 많은 고관대작들이 단종 대왕의 장릉을 봉심하면서 살아계실 때의 땅인 청령포에 대해서는 어느 누구도 찾아보지도 않고 말 한마디 없었는데, 너는 그것을 어찌 알고는 나를 대신하여 금표까지 세웠다니 매우 대단한 일을 하였구나."

비각이 있다.

주변을 돌로 사각형 담장을 둘렀고 비가 안치되어 있다. 화강석 기단 위에 오석의 비신을 세우고,

전면에 端廟在本府時遺址(단묘재본부시유지).

후면에 歲皇明崇禎戊辰紀元後三癸未季秋涕敬書令原營竪石 地名淸泠浦(세황명숭정무진기원후삼계미계추체경서영원영수석 지명청령포)로 새겼다.

이곳은 1457년 6월 22일 단종 대왕께서 왕위를 찬탈당하고, 노산군으로 강봉, 유배되어 계셨던 곳으로 어소가 있었으나 소실되고, 영조 39년(1763)이 친히 비문을 지어내려 비를 세워 어소 위치를 전하고 있다.

두 비석에 崇禎이라는 연호는 조선이 얼마나 명나라를 사대하는지를 보여준다. 숭정은 명나라 마지막 황제 숭정제의 연호, 묘호는 희종, 1627년에서 1644년까지 재위하였다. 이자성의 난으로 수도 북경이 포위되자 조회를 열었으나 아무도 참석치 않는다. 최후를 예감한 그는 환관에게 의관을 벗겨 얼굴을 가리게 하고 회나무에 목을 매 생을 마감한다.

금표비와 유지비를 세운 년도는 숭정제가 죽은 지 119년이다. 중국 대륙에는 청나라 전성기의 옹정제와 건륭제가 다스리고 있었다.

역사의 뒤안길로 사라진 명나라 연호를 쓴다는 것은 역사의 아이러니이려니.

나오는 길에 건너편 한 떼의 소나무 사이로 높은 단에 얹혀 있는 바윗돌이 보인다. 왕방연의 시비이다. 그는 노산군이 영월 청냉포로 유배될 때 호송 책임자로 따라갔다가 돌아오는 길에 굽이치는 여울의 언덕 위에 앉아 괴로운 심정을 읊었다.

千萬里 머나먼 길의 고은님 여희옵고
내 마음 둘 듸 업셔 냇가에 안쟈시니
뎌 물도 내 안 갓도다 울어 밤길 예놋다.

청냉포가 청령포로 이름 변경한 사연을 보면서, 단종 대왕이 겪은 아픔과 고난을 잊지 말고 후세에 되풀이해서는 아니 되니, 청령포에서 지혜로움을 깨달으라는 속삼임이 물소리에 실려 들리는 듯하다.

오동잎 낙엽 소리 따라

가을을 무엇으로 알 수 있을까.

미세 물체를 볼 수 있다면 자연의 실체에 대하여 자신있게 말할 수 있을 것이다. 봄은 벌써 왔건만 꽃이 피는 모습에서 봄을 보고 가지가 흔들려 바람을 보았다고 한다.

가을밤 오동나무 잎을 감싸는 어둠의 기척이야 알 수 없지만 오동잎에 내리는 빗소리는 들을 수 있다.

그 소리는 어떻게 생겨나는가?

오동잎을 빗방울이 때려 진동판이 되어 주변 공기의 소밀이 발생하여 사방으로 퍼져 나가 고막을 때려 뇌에서 판정하는 현상이라고 이해하면 지식의 층은 두터워지겠지만, 어둠의 장막을 두드리는 울림이라고 풀이하는 것, 정감이 넘치지 않을까.

조상들은 오동나무를 신성하게 여겨왔다.

그 나무에는 아무 새나 날아들지 않는다. 오로지 대나무 열매를 먹고 댓잎에 맺힌 이슬을 마시는 봉황만이 둥지를 틀고 청아한 소리로 울면 온 천하가 태평해진다고 하였다. 줄기는 곧고 잎은 하늘을 덮어서 선비 기개를 닮아 오동나무를 사랑채나 정자 근처에 즐겨 심었다. 길손에게는 시원한 그늘을 제공, 소나기를 피하는 안식처가 되기도 한다.

처녀들은 오동나무에 꿈과 희망을 걸게 된다. 무늬가 곱고 내구성이 좋아 가구용으로 사용하였다. 딸을 낳으면 오동나무를 따라 심었다. 그 나무를 미래의 낭군 보듯 하다가 시집가면서 장롱을 만들어 가져간다.

오동나무 잎은 넓고 두터워 빗방울 때려 큰북에서 나는 소리인 듯 육중하면서 은은하며 낙엽 되어 지면에 떨어지는 소리 또한 뚜렷하다.

사람들은 오동잎이 낙엽으로 변하는 것에서 시간을 보고 낙엽 소리에 비로소 가을이 왔음을 알았으며 그 소리로 생의 리듬을 증폭시켜 변신의 계기로 삼았다.

오동잎 하나 떨어지니(梧桐一葉落)
가을이 왔음을 천하가 아네(天下盡知秋)

바람에 복숭아며 오얏꽃이 만발하고(春風挑李花開日)
가을비에 젖어 오동잎이 떨어져도(秋雨梧桐葉落時)
못가에 봄풀은 아직 꿈도 깨지도 않았는데(未覺池塘春草夢)
섬돌에 오동잎 떨어지는 소리가 벌써 가을을 알리는구나(階前梧葉已秋聲)

오동잎 떨어지는 소리로 온 세상에 가을이 왔음을 알겠다는 말은 기미를 제때 읽어 넓은 세상으로 나갈 준비를 하라는 가르침이기도 하다. 복숭아, 오얏나무는 봄바람에 꽃을 피우건만 오동잎이 가을비 무게를 못 견디어 땅으로 떨어지는 것은 양귀비 사랑처럼 한이 맺힌 듯하고, 섬돌에 오동잎 떨어지는 소리에서 계절은 가을로 치닫는데 아직도 봄꿈에 갇혀 화살같이 흐르는 시간을 보지 못하는 어리석음을 질책함이다.

다행스럽게 오동잎 떨어지는 소리에 활짝 가을이 왔음을 알았다면 무엇으로 삶의 전환점으로 삼을 것인가.

연암 박지원은 건륭 황제의 만수절 축하 사절의 일행으로 중국 땅을 밟은 여정을 『열하일기』에 담아 지혜를 갈망하는 사람들의 시원한 생명수가 되고 있다.

나는 무령산을 끼고 돌아가서, 배로 광형하를 건너 한밤중에 고북구를 빠져나갔다. 밤이 이미 자정을 훌쩍 지난 시점에 겹겹의 관문을 은밀히 지나갔다. 장성 아래에 말을 세우고 그 높이를 헤아려 보니 가히 십여 길은 됨직했다. 붓과 벼루를 꺼내니 마침 물이 없어 술을 부어 먹을 갈아서 장성을 어루만지며 글자를 썼다. 건륭 45년(1780) 경자년 8월 7일 밤 삼경, '조선의 박지원 여기를 지나가다'라 쓰고 밤하늘을 보며 한바탕 웃었다.

그는 초승달을 보고 「나그네 화포」를 읊는다.

> 때마침 달은 초승달로 고갯마루에 걸려 넘어가려고 하는데, 그 빛이 싸늘하고 모진 모습이 마치 숫돌에 벼린 칼처럼 생겼다. 조금 뒤에 달은 더욱 고개 아래로 내려갔으나, 그래도 양쪽에 뾰족한 모습을 드러내니, 홀연히 붉은색으로 변하여 마치 두 개의 횃불이 산에서 나오는 것 같구나.

올가을에 여행을 떠나 볼까나. 연암 선생은 하룻밤에 아홉 번 강을 건너는 강행군 뒤에 장성을 만지는 감동을 어찌 말로써 다하랴. 나는 어디서 무엇으로 이름을 남길 것인가.

집을 나서 떠돌다 보면 시력이 점차 밝아져 초승달이 낯선 모습에서 차츰 처음부터 집에서 따라온 달로 변하여 길을 밝히는 횃불로 되어가듯, 여행 중에 만남은 내 안에 존재하고 나를 찾는 수필가적 시야를 갖추는 계기가 되기에 디지털카메라를 들고 생수통을 챙겨 철마(鐵馬)를 몰고 오동잎 낙엽 소리 따라 길을 떠나야겠다.

천제석교

보은 삼년산성

눈마저 검어 烏에 一을 생략하여 烏가 된 까마귀는 노출되지 않으면서 잘 살피고 후각까지 발달되었다.

까마귀의 머리 꼭대기를 닮은 보은 오정산(烏頂山)은 조망권이 좋다. 남서 방면 옥천, 동으로 상주, 북으로 충주, 북서로 협곡을 빠져나가 청주이며 접근 도로를 손바닥 눈금 보듯 훤히 볼 수 있다.

삼국사기에 '신라 자비마립간 13년(470) 삼년산성을 축조했다.'라고 기록되고 3년에 걸쳐 능선을 따라 성을 쌓아 삼년산성이며 오정산성이라 불리기도 한다. 백제의 동진에 대비하고 고구려의 남진을 저지하면서 서북 지방으로 나아가는 중요한 전초기지였다. 돌을 가로 세로로 엇물려 포개 井자 형태로 그물처럼 얽혀 쌓아 1500년 이상을 유지하고 있다. 높이는 지형에 따라 13~20m, 너비는 8~10m, 전체 길이는 1680m이다.

삼년산성

나당연합군이 사비성을 함락시키자 당고종은 좌위중랑장 왕안도를 웅진도독으로 삼아 백제 땅을 편입하려고 삼년산성에서 조서를 신라왕 김춘추에게 전한다. 이때 왕문도는 신라왕보다 상위라 동쪽을 보고 김춘추는 서쪽을 향하여 섰다. 조서를 내리고 황제의 선물을 주려는 찰나, 왕문도는 병이 나서 죽었다.

김헌창의 난 때에는 이곳을 거점지로 이용되었다.

고려사에 태조 11년(928) 7월. 왕이 친히 군사를 거느리고 삼년산성을 쳤으나 이기지 못하고 결국 청주로 갔다. 그리고 임진왜란에도 큰 전투가 있었다.

보은군청에서 성으로 향하면 서문을 만난다. 성문 폭은 마차 두 대가 지나갈 정도이며 좌우로 세길 정도 높이로 수직되고 이후 경사지게 길게 쌓아 성 위로 오르기 어렵다. 좌우에서 활이나 창으로 협공하여 적의 진입을 봉쇄하는 효과가 있어 보였다.

산성 내부는 퇴적된 분화구의 형세이다. 비가 오면 빗물이 곧장 쏟아져 내리고 눈이 쌓이면 능선에서 주먹 크기의 눈덩이가 굴러 호박 덩이가 되겠다. 정면에 보은사가 있고 그 아래로 계단식 밭이 펼쳐진다.

왼쪽으로 고개를 돌리니 철책으로 둘러싸인 바위벽에 아미지(蛾眉池)를 초서체로 새겼다. 여인의 눈썹을 닮은 저수지라는 뜻이다. 올리고 삐치고 세운 획마다 낭자의 새침한 눈꼬리와 뾰족한 콧등, 날렵한 버선발의 뒤꿈치 같다. 발밑에는 초승달 모양의 저수지에 갈대가 무성하다. 능선에서 생기는 바람이 갈대를 휘감고 있다.

한층 올라가자 유사암(有似巖)을 새겼다. 겹겹이 붙은 바위 결, 빛바랜 이끼, 빗물로 검게 얼룩진 무늬가 바위의 연륜을 말해준다. 초서체의 글씨는 바위 문양에 위축되지 않고 자신감이 넘치며 한껏 멋을 풍기고 있다. 글씨가 바위와 닮지 않았는가? 우열을 가려 달라는 석공의 주문을 보는 듯하다.

조금 위에 삼각형 바윗돌이 내려다보고 있어 발품을 팔자 옥필(玉筆)을 예서체로 새겼다. 玉자의 점은 희미하고 筆자는 넓은 폭에 깊게 새겼는데 강건한 느낌을 주며 역동적이다. 새김 결이 매끈하여 마른 모래 위로 구슬을 굴려 생긴 흔적을 보는 듯하다.

안내자는 신라 성덕왕 10년(711) 중원경에서 태어나 평생 붓을 놓지 않아 행·초서에 능하여 해동서성으로 불리는 김생의 글씨라고 자랑한다.

사람이 살아 다툼이 있고 공기가 있어 바람이 생긴다. 삼년산성에서 수많은 전투가 있었다. 삼국통일의 시발이 되는 관산성 전투에서 승리의 요인으로 이 성에서 출발한 일지군마이다. 오정산성은 기미를 먼저 읽을 수 있고 접근이 어려워 수많은 전투에서 함락되지 않은 철옹성이기도 하다.

삼년산성을 무대로 화려한 연기를 보였던 그 많은 사람들 간 곳 없고 무너진 성벽 위로 바람이 지나간다. 바위에 남겨진 글귀는 무슨 사연 남기려 할까.

울릉도 성인봉

배는 동으로 나아간다. 두 줄기 물살을 뒤로 쿵쿵거리는 가슴을 앞으로 하여 수평선으로 직진하다. 마치 송곳이 풍선을 뚫으려는 듯 거침없이 항해한다. 선장은 차분한 목소리로 밀폐형 920톤급 선플라워호는 아무리 거센 파도에도 상하 15도 이내에 40노트로 편안하게 모시겠다고 한다.

멀미약이 필요 없고 울렁도에서 울릉도가 되는 시대이다. 처음 찾는 이 섬에 대한 지식은 '울렁울렁 울렁대는 가슴 안고 연락선을 타고 가면 울릉도라 뱃머리도 신이 나서 트위스트 아름다운 울릉도…'라는 유행가 가사가 전부이다.

참으로 나뭇잎이 물결에 일렁이듯 파도에 따라 배가 올랐다가 가라앉으면 속이 울렁거리고, 시원하게 물살을 헤치고 나갈 동력이 되지 않아 좌우로 흔들리는 소형 연락선을

잘 나타내고 있다.

도동항에 접안한다.

島洞이라면 섬마을이 아닌가. 여기가 '섬마을 선생'의 시원이 되는 그곳인가.

숙소로 이동하는데 넓은 길을 두고 좁은 비탈길을 오른다. 경찰서, 울릉군청을 지난다. 군청 정문 옆에 '대한제국칙령 제41호 기념비가 눈길을 끈다. 고종황제 수인이 뚜렷한 '1900년 10월 25일 울릉도 설군(設郡)을 의결한 것이다. 포구나무가 반기는 호텔에 여장을 풀었다. 육지의 여인숙 정도를 호텔로 불리고 있었다.

순간을 아껴 눈에 넣어가려는 조바심에 동트는 새벽에 일어나 울릉초등학교를 찾았다. '개교 100주년 기념비'가 당당하다. 1908년에 개교를 하였다. 아침 운동 나온 이용기 씨에게 학교가 이곳에 위치했는가 물었더니 근처 입도에 있다가 학생이 늘어나자 옮겼다고 한다. 남해 미조 사람으로 우산중학교에서 교사로 근무하였고 '우리는 홍순칠을 잊어서는 안 된다'고 시간을 쪼개듯 간추려 설명한다.

그는 의용수비대를 결성하여 물개를 잡던 일본 어부를 몰아내고 독도를 지킨 사람이다. 아버지는 울릉중 음악 교사로 근무하였고, 할아버지는 1차 세계대전 당시 러시아 함대가 울릉도 앞바다에서 파선되자 구조해 함장이 찻잔 등을 답례하였다.

성인봉을 오른다. 중턱까지 차량으로 이동하고 본격적으로 산행이 시작된다. 이미 일행의 뒷모습은 시야에서 사라졌고 지나간 수많은 발자국으로 다져진 능선 길을 발끝을 내려다보고 한 발 한 발 옮긴다. 조금이라도 걸음을 가볍게 하려 손으로 나뭇가지를 잡아당긴다. 사람 소리에 고개를 들자 팔각정에서 하산하는 일행이 손을 내밀고 힘내라는 듯 사탕을 건넨다.

파란 치마의 주름살 모양으로 계곡이 많다. 구름다리를 건너고 섬잣나무, 왕고로쇠, 섬피나무, 섬조릿대, 섬단풍 그늘 아래 고사리가 무성하다. 나무 계단을 오르고 올라 고개 한번 들고 주저앉으려 하는데 사슴뿔 같은 입석이 나타난다. 성인봉(聖人峯)이라 새겼다. 앞면에 해발 986m. 뒷면에는 海拔 984m로 되었다. 2m의 차이는 어디에 근거할까.

나리분지로 가파른 나무 계단 따라 주춤주춤 걸음을 옮기는데 성인수 샘터가 나온다. 차가운 물을 세 바가지를 마시자 힘이 솟는다. 소중한 사람에게 전하고자 물병을 채웠다. 줄기만큼이나 엉킨 뿌리 사이로 몸을 가로 세로로 돌려 빠져나가자 속이 검게 탄 고목 주변을 나무 말뚝으로 둘렀고 사진에 담기에 바쁘다.

저동을 지나 봉래폭포(蓬萊瀑布)를 찾는다.

봉은 성인이 나타남을 알리는 길조로 알려졌다. 시력을 반지름으로 하는 수평선으로 포위된 이곳에 聖人이라는 단어가 어색하였는데 마침 봉래라는 단어가 해소해 준다.

안내판에 봉래폭포의 봉래를 蓬萊로 표기하고 있다. 蓬은 쑥 봉, 萊는 명아주 래로 쑥과 명아주과의 한 해살이 풀이다. 봉래는 중국 전설에서 나타나는 삼신산의 하나로 동쪽 바다 가운데에 있으며, 신선이 살고 불로초와 불사약이 있다고 하는 봉래산을 일컫는다. 따라서 봉래산에 있는 폭포라고 해석된다.

길이 30미터, 유량은 1일 3,000톤 이상으로 울릉도 남부 일대의 중요한 상수원이다. 이 정도라면 천둥소리와 함께 폭포 아래 깊은 못이 있고 세차게 흘러내리는 장관이 기대되는데 떨어지는 물줄기는 천 길의 비단결이건만 그 이상은 보여 주지 않는구나.

마지막 밤 룸메이트의 평가가 있었다.

"울릉도의 '울'자를 한자로 쓸 수 있는가?"

이동 버스 몸체에 신비의 섬 울릉도라는 문구를 몇 번이나 보았는데 워낙 복잡해 과제로 작정하고 있었는데….

준비해온 자판을 펼치며, 鬱은 29획으로 林, 缶, 凵, 숟가락 匕, 덮을 冖, 米, 彡로 되어 통하지 못하게 한다는 뜻이란다.

"울릉도의 지형이 글자와 맞는가?"

글자가 먼저 인용은 이후라 우문이라고 따끔하게 일침을 가한다.

"입 벌린 그릇에 쌀을 붓고 숟가락으로 저어 덮어두면 무엇이 되느냐?"고 재차 물어 오는데 우물쭈물하자

"쌀을 발효시키는 것인데 술이라 어찌 한잔하지 않을 수 있겠는가. 나가자."

도동의 밤바다는 점차 어둠이 내려앉고 있었다.

山은 산이로되

추사 유배지 주차장에 도착했다.

검게 탔고 송알송알 구멍이 난 현무암으로 사람 키보다 높게 쌓은 담을 따라가다 보니 안내판이 있다.

추사 김정희는 조선 헌종 6년(1840) 55세 되던 해, 제주도로 유배되어 헌종 14년까지 머물렀다. 초기에는 포교 송계순 집에 머물다가 강도순 집으로 거처를 옮겼고, 제주지방 유생들에게 학문과 서예를 가르쳤으며 차를 즐겨 마셨다. 이곳에 머무는 동안 추사체를 완성하고 세한도를 비롯한 많은 서화를 남겼다. 집터만 남아 경작지로 이용되다 추사 유배지로 복원하였다.

지하 추사관 입구에 추사의 이력을 나열하였다.

1786년 태어나 24세 동지겸사은부사 부친을 수행하여 청나라에 가고, 31세에 북한산순수비를 확인, 44세에 평양 고구려 석각 발견, 금석학 고증학 서예 회화에 우뚝 봉우리가 되고 중국까지 명성이 알려졌다.

전시실에 들어서자 2개의 무량수각(无量壽閣) 편액을 나란히 걸었다. 우측은 추사가 제주 유배 가다 해남 대둔사에 들러 써주었다는 현판의 탁본, 좌측은 1846년 충남 예산 화암사 중창에 맞춰 써 보낸 현판 탁본이다. 대둔사 무량수각은 획이 묵직하고 두툼하여 간극이 가느다란 선으로 나뉘어 있는 모습에 철근콘크리트 건물, 화암사 무량수각은 단아하고 명료함이 느껴지며 글자마다 특성을 주어 조선집 곳간을 넘겨다보는 듯하다.

말 잘 듣는 학생이 되어 해설사 주변으로 관광객이 옹기옹기 모인다. 해설사는 빠른 걸음으로 데리고 이동하더니 현판 앞에서 특별한 글씨라고 호기심을 자극한 후 설명한다.

만덕산 다산 초당에 걸려있는 정약용을 보배롭게 생각하는 산방이라는 보정산방(寶丁山房) 탁본이다. 널빤지에 가로 글씨로 '山'은 다른 글자 크기의 반이며 위로 맞추어 세 획의 길이는 같고 아래는 여백으로 남겨 공중에 떠있는 형상이다. 초의선사에게 써준 무량수각보다 선이 가늘어졌다. 유난히 无와 丁의 마지막 획이 비교된다.

无은 우로 돌려 삐쳐 올렸는데 획이 굵어 지면이 좁아 각이 졌고, 丁은 날렵하게 원형에 가깝게 감아올렸다.

해설사는 발문한다.

"어떤 글자가 특이한가?"

"마무리에 멋을 부린 丁이다."

고개를 좌우로 흔들며 산에서 해답을 찾아보라 한다.

추사관을 나와 살피는데 길 건너 자연석 하얀 돌을 세우고 그림을 새겼다. 삿갓을 쓰고 나막신을 신은 채, 도포를 걷어 올리고 진흙탕을 걸어가는 허련이 그린 스승 추사의 초상이다. 그림 너머로 산을 바라보자 가운데 봉우리가 옆 봉우리보다 낮다. 山은 봉우리 모양을 본뜬 문자로 가운데 봉우리가 높고 주변 봉우리는 낮아 첫 획(丨)을 길게 긋는 山으로 자림 매김 되었다고 해도 과언이 아니다.

寶丁山房에서 보는 山자와 높이가 같다. 이는 추사가 유배생활에서 온갖 마음의 먼지를 털어내고 자연에 동화되어 산을 있는 그대로 보았고, 제주에서 이 글을 써서 보낸다는 메시지를 담고 있는 것이다.

마안산

황토재 정상에서 북천역으로 길을 잡는다.

금촌마을 이정표 옆 느티나무 아래 평상을 거치하여 나그네 쉬어 가라는 정겨움이 피어난다. 긴 골짜기가 동서로 펼쳐지고 산비탈을 깎아 논밭, 북풍을 막고 태풍은 힘을 쓰지 못하는 비장의 땅이 틀림없겠다.

아래로 훑어보는데 봉우리가 즐비하다. 남쪽으로 높은 이명산, 동쪽 끝에 닭벼슬 모양이라 계명산, 시선을 고정시키는 쌍봉이 있으니 그 모양이 요상하고, 예나 지금이나 산천은 그대로이건만 이야기는 입에서 입으로 전해 온다.

내리막길에 산굽이를 돌아간다. 시계방향으로 뚜렷한 곡선길로 접어들어 끝나는 지점에 방화마을이고, 몇 걸음 옮기자 멋을 느끼게 하는 화영정(華永亭), 마을 유래를 알고 싶은데

노인을 만날 수 없구나.

주변을 기웃거리자 전망 좋은 장소에 찻집.

텃밭에 밀을 심어 가느다란 목이 바람에 흔들리는 목가적 분위기가 넘실댄다. 창가에 자리를 잡는데 유리창 밖에 듬성한 그물을 붙이고 날개를 편 나비 두 마리를 고정시켜 아늑한 분위기를 주고 있다. 나비 사이로 보이는 산은 금촌마을 느티나무 아래에서 보았던 쌍봉이다.

여주인은 사뿐사뿐 오미자차, 남자는 뚜벅뚜벅 걸어와 밀 빵을 내려놓는다. 궁금하여 쌍봉을 가리키며,

"산 이름이 뭔가요?"

"……"

옆 좌석에 행장을 내려놓고 차를 마시는 사람이 관심을 보이고,

"마안산(馬鞍山)이지요. 옛날 어떤 장군이 말안장을 내려놓고 쉬었다 하여 이름이 되었지요. 장군이 이동하는 길은 군사적으로 중요한 지점이고, 특히 안장을 내려놓고 쉬었다는 것은 군사가 주둔했다고 볼 수 있지요. 관련 사료를 조사해 보시지요."

"여행을 많이 하시는군요?"

"발길 따라 물길 따라 걷는 길손이라 할까요. 마안산은 소설 『삼국지』에 나온답니다."

마안산

장포는 선주를 구한 뒤 어림군을 이끌고 경황없이 달렸다. 얼마 안 가 그들 앞에 산 하나가 나타났다. 마안산이다. 얼결에 산 위로 오른 선주가 아래를 내려보니 다시 함성이 크게 일며 오나라 대군이 이르고 있었다. 육손은 인마를 풀어 마안산을 둘러싸고 급하게 몰아치기 시작했다.

선주는 해 질 무렵 마안산을 내려가기 시작했다. 관흥이 앞장서고, 장포는 가운데를 맡고 부동은 뒤에 처져 선주를 보호하며 힘을 다해 오병을 뚫고 나갔다.

한참 바라보니 눈앞이 아롱해지더니 쌍봉이 안장이 되고 산은 말이 된다. 그 산 근처에 인물이 많이 나오겠구나. 어려서부터 말을 보고 성장하고 말의 기운을 받으니 큰 인물이 되지 않겠는가. 말 머리는 하동읍성을 향하고 있다.

내려갈수록 말안장에서 평범한 산봉우리로 변한다. 희미하게 남아있는 말안장 가운데 구역을 향하여 들어가자 사촌리이다.

마을회관 앞에 백의종군 로비가 있다. 이충무공이 권율 장군 휘하로 가던 차 하동읍성에서 2박하고 양보면 우복리 서촌마을 고개를 넘어 사촌리를 지나 옥종 청수역에서 잠시 쉬었다가 이동한다.

말안장 따라 산굽이를 돌자 누런 녹색 레일이 깔렸는데 한산하다. 새로운 철길에 임무를 교대하고 레일바이크로 다시 단장했다. 입구 벽에 코스모스로 치장된 이명터널은 시간을 빨아들인 블랙홀이 되어 나그네에게 할 말이 있는 듯 부르고 있지만, 힐끗 쳐다보고 철길을 건너자 말안장의 끝부분의 직전리 배안골이라는 마을이다.

밭일을 하는 노인이 일손을 멈추고 길가에 앉아 이야기를 풀어놓는다. 마을 위로 희미한 양보 우곡 가는 산길이 있다. 옛날에는 원님이나 벼슬아치는 가마를 타고 넘었고, 장꾼은 주막에서 모여 넘었고, 두 군데 주막이 있었는데 지금은 이용하는 사람이 거의 없는 낙엽 쌓인 길이란다.

일제강점기에 이명터널을 뚫었는데 어찌나 어려운 공사였는지 부상자를 치료하는 병원이 신흥마을에 있었고, 우회하는 신작로 공사에 파면 팔수록 황토가 나와 깎고 다져 산길을 내니

이명터널

횡토재로 불리고, 지금은 차량이 뜸하여 옛길로 불린단다.

마안산에는 진주와 하동을 중심으로 일어나 진주성을 점령한 동학농민군이 일본군과 최후의 결전이 1894년 10월에 옥종 고성산성에서 있었다.

조총으로 무장한 일본군과 일전을 겨룬 동학농민군은 수백 명이 전사하고 흩어진다. 마안산에서 고성산성을 볼 수 있어 횃불로 연락하였으며, 재정비하여 마지막까지 항거하였다는 산성과 봉화대의 흔적이 남아 있단다.

배안골 너머 우복리는 주교천 발원지, 주교천은 배를 붙여 다리가 되는 주교에서 따온 이름으로 고전면으로 흘러 섬진강에 모든 것을 내려놓는다. 하동역사를 간직한 하천으로 내륙과 바다를 연결하는 역할을 하였다. 그래서인지 우복리에서 고려청자 일괄 7점, 삼국시대의 단경호·발형기대·고배 3점이 우복리 4호 고분에서 출토되었다.

"솔병이라 불리던 마을에서 국보급 도자기가 출토되었다는데 아는지요?"

"처음 듣는다. 솔병은 사평과 직전의 경계지점이다."

옥산은 지리산 정맥

대한민국 서예대전 특선 2회, 입선 다수의 경력이 있는 손원모 선생과 옥산을 찾았다. 벼르고 벼르던 산행이라 가슴이 두근두근 거렸다.

역시나 세월은 무심하지 않아 재너머 초입에 있던 느티나무는 없어졌고, 기슭에 '꽐꽐' 소리를 내며 쏟아 내던 옹달샘은 통나무 기둥과 널빤지로 지붕을 하고 깎은 돌로 우물 정(井) 형태를 갖추었는데 수량은 줄었다.

재너머 옹달샘

능선 따라 오르는 발걸음은 점점 무거워지고 연신 배낭을 깔고 앉는다. 손 선생은 살며시 옆에 자리를 잡고 물병을 건네며,

"소년 시절에 재너머에 소를 풀어놓고 옹달샘에 머리를 처 박아

물마시고 옥산 정상까지 쉬지 않고 오르내렸는데…. 나이를 먹을 만큼 먹었으니 기력 보강을 함세."

중봉 아래에 '상수원보호구역'이라는 팻말을 2개나 볼 수 있다. 쓰레기를 버리지 말고 되가지고 가라는 주문인 듯, 고개를 숙이고 오르는 데 햇볕에 눈앞이 밝아진다.

정상이다.

두 개의 기둥을 세우고 사이에 굵은 막대를 걸쳤는데 그 위에 오리 네 머리를 앉혀 복을 부르고, 아래에 '주민들이 살기 좋은 복된 땅! 하동군 옥종'이라는 제목으로 지형도를 걸었다.

위로부터 두양리에서 정수리까지 15개리(里), 우방산, 두방산, 주산, 정개산, 사림산, 고성산, 옥산 7개의 산(山)을 표시하였다.

특히 옥산을 현 위치라는 붉은 글씨로 나타내고, 멀리 지리산 천왕봉, 청학동 그리고 덕천강이 흐르고 강 안쪽에 이순신장군백의종군로까지 표기되었다.

지형도 앞에서 실제 지형과 대조하니 눈이 밝아진다.

뒤로 돌아서자 잘 다듬은 바위 돌에 智異山正脈 玉山峰(지리산정맥 옥산봉)이라고 한껏 멋 부린 필체의 새김글이다. '지리산의 가장 작은 산맥 옥산봉'이며 해발 614m를 첨부하였다.

덕천강에서 보는 옥산

"손 선생님은 대한민국 시예대전에 한문으로 특선 한 것으로 알고 있는데 잘 쓴 글씨인가요?"

손가락으로 새김 필체 따라 써 보고, 峰자에 여러 번 반복하더니 고개를 좌우로 흔든다. 峰자에 이해가 되지 않음을 표현하는 것이 아닐까.

천왕봉 쪽으로 몸을 돌려 고개를 숙이며,

"옥산 정상아래 얼마 전까지 물이 고인 웅덩이가 있었는데 흔적이 없군요. 효험 있는 물이라고 소문이 자자했는데."

표준국어대사전에 의하면,

山은 평지보다 높이 솟아있는 땅의 부분이며, 峰은 산에서 뾰족하게 솟은 부분이다. 그런데 '지리산 정맥 옥산봉'이라 하면 옥산봉을 옥산 또는 옥산의 주봉을 옥산봉 이라 한다는 말인가?

초등학교 시절에 배운 금강산이라는 동요가 있다.

금강산 찾아가자 일만이천봉
볼수록 아름답고 신기하구나
철따라 고운 옷 갈아입는 산
이름도 아름다워 금강이라네 금강이라네

금강산 주봉은 비로봉이며 향로봉, 옥녀봉 등 알려진 봉우리가 많다. 적어도 비로봉을 금강산이라 하지 않는다. 비로봉은 금강산이 품고 있는 많은 봉우리 중에 하나이다. 지리산은 방장산, 두류산이라고도 하며 최고봉인 천왕봉을 주봉으로 반야봉, 하봉, 중봉, 제석봉, 촛대봉, 칠선봉, 형제봉, 명선봉, 토끼봉 등이 있다.

옥산 정상에 세운 안내판에 옥종면 관내 7개의 산은 모두 ○○산으로 나타내고, 지리산은 '지리산 천왕봉'으로 표기한다. 지리산의 대표 봉우리는 천왕봉이지만 천왕봉은 지리산이라는 의미가 아니다. 전국에 천왕봉은 많아도 지리산은 고유한 이름으로 오로지 하나뿐이다.

산은 봉우리로 이루어져 있다. 봉우리를 하나하나에 이름을 붙여 구분하기도 한다. 사람의 경우 성씨는 집안사람들이 공통으로 사용되지만 이름은 각각 다르게 불린다. 이는 성을 바꿀 수 없어 이름으로 구분하기 위함이다. 따라서 성씨는 산, 봉우리는 이름으로 비유해 볼 수 있겠다.

옥산을 찾는 등산객은 정상 새김 표지석을 보고,

"왜 '지리산 정맥 옥산'이라 하지 않고 '지리산 정맥 옥산봉'이라 했을까?"

묻고 답하고 열띤 토론을 하다가 답을 구하지 못한 채 하산할 것이다.

지명 정리가 필요하다. 옥산은 크고 작은 봉우리로 구성되었다.

옥산 주봉을 옥산봉이라 하면 옥산이라는 단어가 중첩되어 혼란이 생긴다. 산 이름과 주봉은 다르게 부르는 것이 일반화되었다.

옥산 정상을 중봉과 하봉이 있어 '상봉'으로 하던지, 옥산은 기우제를 지내는 진산으로 정상 바로 아래 맑은 샘이 있고 철마와 함께 굴속에서 도사가 거처했다는 전설이 있어 '철마봉'은 어떤가?

이순신 황치산 넘었다

이순신은 백의종군 처분을 받고 수원, 공주, 남원, 구례, 순천, 하동을 거쳐 도원수 권율장군 균영이 있는 초계로 간다. 이순신의 조모 및 어머니는 변씨, 여동생은 변 씨 가문으로 시집갔다. 외가 동네 초계로 향하는 발걸음 얼마나 무거웠을까.

칠천량 해전의 참패를 보고 받고 권율 장군에게 전장을 둘러보며 전략을 세우겠다고 남해 해안지방으로 내려온다. 옥종 정개산성 아래 송정(松亭)에서 관계자와 연일 작전회의를 한다.

『난중일기』의 의하면,

원계 손경례 집에서 1597년 8월 3일 삼도수군통제사 재

황토재 옛길

임용 교서를 받고 바로 길을 떠나 두치 가는 길에 들어섰다. 초경에 행보역에 이르러 말을 쉬게 하고, 삼경 말에 길을 떠나 두치에 이르니 날이 새려고 했다.

초경은 19시, 삼경은 23시에 해당되니 밤 7시 행보역(여의마을)에 도착하여 밤 11시에 길을 나서 동이 트는 시기에 두치에 도착하였으니 백의종군 해제 후 반나절 하룻밤을 하동에서 보낸다.

북천 방화마을과 여의마을 사이에 황토재가 가로막고 있다. 산을 넘는 길은 세월 따라 달라진다. 걷는 시대는 재(峙)를 넘고, 자동차 등장에 방화마을 - 재마루 - 감당마을 - 여의마을로 이어지는 신작로가 생기고, 철길은 이명터널을 통과하여 양보역을 지나 크게 회전하여 신작로와 나란하게 여의마을 앞을 돌아 횡천역으로 이어진다. 이명터널 작업에 발생하는 부상자 치료를 위하여 신흥바닥에 병원이 있었다니 얼마나 힘든 공사였는지 알게 한다.

임진왜란 때 양보 서촌리에서 황토재 마루로 연결되는 산길이 있었다면 하동읍성을 출발한 이순신은 서촌에서 사평리로 길을 잡았겠는가?

진주에서 2호선 차도를 따라 길을 나섰다. 직선화로 쾌속으로 달린다. 초량터널, 북천터널을 지나고 직전터널 앞에 차를 세웠다. 왼쪽으로 네 개의 봉우리가 원근 구조를 이룬다. 왼쪽은 계명산 우로는 마안산, 계명산 자락에 가려 보일 듯 말 듯 봉명산, 마안산 뒤로 흔적을 보이니 이명산이다.

갈림길! 직진하면 확장된 국도 2호선, 우로는 구불구불 황토재 신작로, 오른쪽으로 방향을 잡아 몇 굽이 돌자 '이순신 백의종군비'가 나타난다. 안내도는 북천면 방화리 황룡사에서 여의마을 구간이다. 황룡사와 황토재는 거의 직선으로 되었고, 산길 구간 2.7km라고 새긴 것으로 보아 황룡사 뒤 능선을 나타낸 것이다.

감당삼거리를 내려가자 눈앞에 현기증이 나는 장관이 있다. 높고 긴 다리가 놓였는데 사각형 교각은 하늘을 찌르고 상판은 산과 산을 이어준다.

교각 사이를 지나자 여의마을이다.

마을회관에 정차하고 울타리 따라 비탈길을 올라 돌아보니 다리와 철길은 상하로 나란하게 펼쳐지고, 다리와 이어진 터널 속으로 차량이 들어가고 나온다. 휴게소로 알고 문을 열고 들어서니 터널관리사무소이다.

"황토재 터널인가요?"

"황치산 터널이다. 2018년 12월 개통했다."

황치산 터널이라. 황토재의 황토(黃土)를 黃으로 줄이고, 재는 치(峙)를 차용하여 黃峙로 되니 山을 첨가하고 관통하기

황치산 터널

에 '황치산 터널'이라 하였겠다.

고치봉을 우로하고 능선을 넘어간다. 지리산은 가물가물, 돌고지재를 도는 자동차는 꼬리가 사라지기를 반복한다. 소나무로 하늘을 가린 임도를 따라 걷는데 바스락하는 낙엽 소리에 신경이 곤두선다. 집이 보이고 개가 사납게 짖는다.

주인 한준석 씨는 개를 진정시키고 의자를 내주며 차를 권한다. 이곳에서 땅을 일구던 부모님이 돌아가자 양지바른 자리에 모셨는데, 소나무 아래 아버지가 사용했던 장군(액체 운반 통)에 계시를 받아 동생 부부와 한 지붕 아래 산다고 한다.

집 앞 토지를 정리하는데 좁고 긴 우물터와 다져진 노면이 발견되었는데 소떼를 몰고 넘다가 물을 먹이고 주인은 저쪽 고갯마루 아래 흔적만 남은 주막에서 휴식을 취했을 것이며 최근까지 장꾼 및 횡천중학교 통학길이었단다.

황토재 성황당

주막터로 발걸음을 옮기자 돌무덤이 있다. 비단장수가 도둑을 만나 횡액을 당했거나 길 떠난 나그네 숨이 다하고 지나던 사람들이 돌을 던져 무덤이 되었겠지. 그 옆에 쓰러질 듯 네 개 기둥에 지붕이 걸쳤고 향을 피우던 집기들이 널려 있다. 길 떠난 나그네 안녕을 빌고 빌었던 성황당이다.

이순신은 주막터와 성황당이 있는 황치산 터널 위 고갯길로 넘어

녹슨 두 가닥 레일

행보역으로 간다. 세월이 흘러 이름마저 달라지는 것, 이제는 황치산 고갯길이다. 마루에 '이순신 임지로 가는 길'이라는 이정표라도 있으면….

돌아오는 길에 터널 관리사무소를 지나 다리 아래 통로로 내려오자 대나무 숲 사이로 녹슨 두 가닥 레일이 누워 있다. 이명터널과 횡천역을 연결하였던 철길이다.

이제는 황치산을 관통하는 복선 철길에 임무를 맡기고 긴 휴식에 들었다. 철길을 안고 있는 마을 이름마저 구여의(舊如意)이니 세월이 흐르면 사람도 늙고 황토재도 변하는 것이려니.

사모곡 맴도는 정안봉

어머니가 자식을 걱정하는 마음이야 처음과 끝이 없도다.

혹시나 먹은 것이 태아에게 해롭지 않을까. 조용히 말하고 천천히 앉고 일어서며 모로 눕지 않으며 좋은 말만 가려서 듣는다. 장년이 되었건만 혹시 사고를 당하지 않았을까. 올 때까지 잠 못 들며 무사하기를 기원한다.

고려시대 나들이가 빈번해 홀로 계시는 어머니께 안부와 귀가를 알리는 방법으로 무엇이 있었을까. 사방이 잘 보이는 정상에 집을 지어 어머님을 모시다 출타하면 낮에는 연기를 올리고 밤에는 불을 피워 알렸다.

누가 어디서 그렇게 했느냐고 묻는다면, 정안(鄭晏)과 그의 어머니 그리고 그곳은 하동 양보·횡천·적량면에 걸쳐있

는 정안산이라고,

보부상의 애환을 담은 소설 객주에서 정안산을 소개한다.

그들은 도선목 휘장을 친 팥죽집에서 대강 허기를 끈 다음 두치 장터를 떠났다. 시오리 남짓한 하동 부중을 지나서 횡천강을 건넜다. 그 강을 건너면 정안산성이 바로 올려다보였다. 파발이 진주목사에게 간다면 이 길밖에 없었으므로 허탕을 칠 사단이야 생길 리 없었다.

소설 『천강에 비친 달』(정찬주)에서, 세종이 강무를 나왔다가 산골짝 오두막집 처녀가 내놓은 희우차로 인연이 되어, 대궐에서 데리러 나온 사헌부 감찰 정현은 처녀에게,

"나는 내 선조가 고려 때 팔만대장경을 만든 鄭자 晏자 할아버지라는 사실을 숨기고 사느니라. 그러니 너도 너의 아버지가 스님이라는 사실을 함부로 말해서는 안 될 것이니라."

정안이 팔만대장경 제작을 후원하였다는 사실은 『고려사』에 기록되었다. 당시 최고 권력자 최우가 조성비의 반을 내고 나머지는 처남이었던 정안이 부담하게 되었다.

고려는 1232년(고종 19) 몽고의 침략으로 초조대장경이 불타버리자 대장도감과 분사대장도감을 설치하였다. 위치는 남해로 추정되며

경판으로 사용되는 산벚나무, 돌배나무 특성을 살리기에 적합한 장소이기 때문이다.

정안은 고려 후기 무신으로 하동에서 태어나 과거에 급제, 음양, 산술, 의약, 음률에 정통하였으며 진양 수령이 되었으나 어머니가 연로하다는 이유로 사직한 후, 1215년(고종 2년) 노모를 봉양코자 전망 좋은 정안봉에 성을 쌓고 별장을 지었다.

이충무공은 정안봉을 두 번 지난다. 한 번은 모친 장례도 치르지 못하고 초계로 향하는 백의종군길이며 또 한 번은 삼도수군통제사 재임용 교서를 받고 임지로 가는 길이다.

이충무공은 정안봉 불빛을 올려다보며 무슨 생각에 잠겼을까.

잔도는 천도이다

잔도(棧道)란 아래로 천 길 낭떠러지, 위로는 떨어질듯 바위기둥 사이 절벽에 다리발을 심고 그 위로 나무 또는 돌을 깔아 하늘에 있는 사다리와 절벽과 절벽 사이에 걸쳐 놓은 다리로 천제석교(天梯石橋)를 일컫는 말이다.

잔도!

보통 길이 아니다. 아찔한 길이다. 그래도 사람이 만든 길이 아니던가.

잔도는 역사의 길이며 나라의 흥망은 물론 개인의 운명을 바꾸는 길이기도 하다.

이문열의 『초한지』에서 잔도라는 말이 나오는 장면을 이렇게 묘사하고 있다.

홍문회 연회에서 장량의 지략으로 살아남은 유방은 항우의 명에 따라 한중왕으로서 파촉 땅으로 가게 되었다. 땅이 너무도 험난하여 길이 따로 없고, 절벽에 선반을 놓아 만든 잔도라는 길을 이용했다. 천신만고 끝에 잔도를 지나 파촉 땅에 도착한 유방은 잔도를 불태워 버린다.

한신은 번쾌에게 대장군으로서 첫 번째 군명을 내렸다.

"번 장군은 군사를 데리고 식곡(蝕谷)으로 가서 스물 날 안으로 우리가 한중으로 들어올 때 부수고 불태워 버린 잔도를 다시 고쳐 세우시오. 우리는 바로 폐구로 치고 나가, 한 싸움으로 옹왕 장함을 사로잡고 그 땅을 평정할 것이오."

2010년 8월 초순 태항산을 목적지로 장도에 올랐다.

1일차에 숭산을 찾았다.

중국에서는 대대로 오악이라 하여 5개의 명산을 꼽고 있는데 하남성의 숭산을 중심으로 동쪽으로는 산동성의 태산, 서쪽으로 섬서성 화산, 남쪽 호남성 형산, 북쪽으로 산서성의 항산이다.

숭산은 동서 길이 60km로 72개의 산봉우리로 된 거대한 산맥으로 특히 소림사를 품고 있어 유명세를 떨치고 있다.

숭산의 절경을 묘사한 옛 사람의 시로,

日出嵩山拗　晨鍾驚飛鳥
林間小溪水潺潺　坡上青青草

숭산 위로 해가 뜨면 / 새벽 종소리가 새들을 놀라게 하고
숲 속의 작은 개울물은 졸졸 흐르며 / 산기슭에 푸른 풀이 밝게 빛나네

케이블카를 타고 숭산 중턱 마루에 있는 정류장에 내려 무량성전까지 걷는 길은 예사롭지 않다. 그 길은 말로 듣고 책으로 알아오던 잔도이다. 길이라 하면 편안하게 다닐 수 있는 폭과 바닥을 정비하여 즐겁게 다닐 수 있는 조건을 구비하고 있어야한다.

잔도는 굽이굽이 절벽에 간신히 붙어 있는 길로서 가슴을 조이는 '오싹 길'이다. 한 사람이 겨우 이동할 수 있는 폭으로 마주 오는 사람과 비킬 때는 한사람은 몸을 옆으로 돌리거나 지나갈 때까지 벽에 붙어야 하겠다.

바깥쪽에 쇠막대를 세우고 사이를 철봉으로 연결한 철책이 없다면, 시야가 넓어져 두려움으로 한 발짝도 옮길 수 없을 것 같다. 철책을 부여잡고 살며시 아래로 눈을 돌리는데 순간, 찬바람이 휙 올

라와 눈이 감겨지고, 다리가 후들거리고 오금이 저려 걸음을 옮기기 어렵다.

마주 오는 사람의 표정은 의기양양하다. 초등학교 저학년 또래의 소년의 눈동자에는 전혀 두려움이 없고 걸음걸이도 가볍다. 마음이 흔들리면 제대로 볼 수 없다는 말을 실감하게 된다. 마음을 다잡고 걷자, 소년도 당당하게 걷는데 나이가 몇 배나 많은 내가 어찌 감당 못하랴.

고개를 숙이고 돌계단을 오르고 또 내려가고, 석문을 지나고 잔교를 건너고, 출렁이는 현수교를 건너고 또 걷는다.

조금 넓은 공간에 40대로 보이는 중국인 여인과 10세 정도의 소년이 카드놀이에 빠져있다. 모자관계로 보인다. 소년은 고심에 찬 표정으로 오른손 엄지로 콧등을 연신 만지며 카드를 내려다보고, 어머니는 아들이 쥐고 있는 카드를 한번 슬쩍 보고는 귀엽다는 듯이 웃고 있다. 정겨운 모습이 잔도 주변의 공기를 데우고도 남는다.

공사로 더 갈 수 없다는 안내판을 보고 고개를 들어 보니 무량성전이다. 현장에서 바위를 깨고 다듬어 계단 길을 내고 건물 내부를 수리하고 있다. 절벽의 좁은 공간에 수도장은 마치 제비집을 닮았다. 왔다는 기록을 남기고자 열심히 사진을 찍었다.

되돌아 때는 몸과 마음이 완전히 달라졌다.

같은 길인데 돌아오는 여정은 마음이 편안하여 잔도 밑을 내려다봐도 아무렇지 않고, 시선도 막힘이 없다. 얼마든지 주변경관을 볼 수 있게 되었다. 보이지 않던 꽃도 눈에 들어온다.

절벽 사이에 뿌리를 내리고 잎을 내고 꽃을 피우는 야생화는 참 아름답다.

이런 곳에 피는 꽃이라 음미할 만큼의 충분한 시선 량이 확보되는가보다. 환경에 맞춰 생장하기에 순수한 것인지, 아니면 원초적인 체험을 하여 마음이 다스려져 제대로 볼 수 있는 것은 아닌지.

출발점에서 되돌아보는 기분은 너무 좋았다. 저 길을 '나도 걸었다'는 자부심으로 가슴속이 뜨거워진다. 체험 보다 더 좋은 학습은 없구나. 이래서 사람들은 산을 찾는가 보다.

숭산에 조금 더 가까이 하도록 꾸미고 단장한 흔적을 볼 수 있었다.

바위벽에 새겨 놓은 화려한 필체의 의미 있는 문장들, 嵩山, 棧道, 石門, 仙人洞, 天上空, 懸天洞, 奇觀棧道을 음각하고 바탕을 빨간색으로 처리하여 선명하게 눈에 들어온다. 충분한 볼거리이다. 곳곳에 특징적인 암석을 설명하는 안내판이 설치되었다.

처음 해외 산행이라 일행에 보조를 맞추려 무진 애를 썼다. 오르막길에서는 이를 악물었고, 내리막길에는 후들거리는 다리를 진정시키려 바위벽을 잡고 숨을 골랐다.

나는 잔도가 뭐냐고 묻는다면,

"잔도는 하늘 길(天道)천도이다"라고 망설임 없이 대답할 것이다.

인생은 달리는 말을 문틈으로 보는 것처럼 지나간다고 한다. 이번 산행은 잔도를 헤쳐 나가듯 인생에 방향이 있다는 것을 알게 되었다. 아찔한 잔도를 주저앉지 않고 산행을 마쳤다는 것에 긍지와 자부심을 알게 된 체험이 되었다.

비단산 등정기

연해주에 위치한 신이 돌보는 산.

선한 사람만이 오를 수 있다는 비단산(緋緞山)을 찾았다.

여행 절반은 크루즈선상에서 보냈는데 강원도 동해항에서 블라디보스토크까지 19시간의 활동 공간은 선실 갑판 식당이지만, 처음 대하는 것에 눈은 긴장되고 심장은 콩닥콩닥 거렸다.

달 밝은 여름 밤, 갑판에 올라 가부좌를 틀고 느낌을 잡으려 한다. 둘러보아도 검은 바다와 따라오는 별이 있을 뿐이다.

얼마나 지났을까. 낮에 2층 난간에서 보았던 바다와 하늘의 만남은 직선이었지만 이제는 나를 중심으로 원형이다.

마치 컴퍼스로 원을 그리면 중심이 있듯이 하늘과 바다로 이루는 球의 중심점이 되었다.

배는 바다를 반으로 나누며 한없이 나아가고. 스크루에서 발생한 포말(泡沫)은 허연 길을 만들고 물결은 삼각형 무늬를 그리며 멀어져 간다. 나만의 침실에 누워도 '크르르릉-쿠르르릉'하는 굉음을 듣는다. 사람에게는 심장이 박동하여 동력을 얻어 개척을 하는데 왜 심장이 뛰는 소리를 듣지 못할까.

안내소 벽에 나란히 3개의 시계가 걸렸다.

좌로부터 Japan(사카이미나토), Korea(동해항), Russia(블라디보스토크)이며 8:55, 8:55, 10:55를 가르치고 있었다. 동해항과 사카이미나토는 같은 시각이고, 동해항과 블라디보스토크는 2시간 차이가 있다. 안내원에게 묻자 대한민국은 일본 표준시를 기준으로 하여 일본과 동일한 시각이 된다는 것이다.

선상에서 맞이하는 광복절.

아직도 일제가 1912년에 정한 동경 135°를 표준시로 사용한다니, 무릇 역사란 시각에 사실(史實)을 기록하는 것, 우리 역사는 서울 시점으로 기록해야겠다.

울적한 마음을 달래려 갑판 위를 서성거렸다. 선장이 방송으로 일행을 노래방으로 초청하였다. 동방꿈나르미 선장의 얼굴은 햇빛과 수면에 반사되는 월광에 그을리어 검고 어깨는 벌어졌으며 아담한 키의 50대 중반이다.

그는 수준급 색소폰 연주자임에 틀림없다. 높은 진동수로 생산된 '동숙의 노래' 가락은 여행자의 마음을 충분히 황홀하게 하였다.

얼핏 창틈으로 보이는 달나라 토끼마저 귀를 쫑긋거리기를 주저하지 않는다.

선장은 마이크를 잡고,

"나는 동해를 왕복하며 독도에 관심이 많다"며 〈독도는 우리 땅〉을 연주하였다. 가사 중에 '대마도는 일본 땅'에서 일본 땅을 뛰어넘고 '독도는 우리 땅'을 강조하였다.

연주를 끝내고 '멈춘 부분'을 맞추라고 하였다.

모두 일본 땅이라 하자,

"그럴 줄 알았다. '몰라도'는 어떠한가." 하면서 '몰라도'를 넣어 합창을 유도하였다.

블라디보스토크에서 버스로 3시간을 이동하여 비단산 입구에 도착하였다.

군용 트럭을 개조한 특수차량에 나눠 타고 20리길을 1시간이나 달렸는데 아주 특별한 체험이다. 곳곳에 흙탕물 웅덩이, 다듬지 않은 노면으로 트럭이 덜컹거리면 몸이 날았다가 떨어지고 좌우로 흔들림은 그야말로 경악이었다.

본격적인 등반은 계곡을 따라 이동하여 점심식사 후 가파른 산록을 탈 때부터 시작되었다. 급격한 경사에 숨이 막히고 나무뿌리에 발이 걸려 넘어

이 무슨 문장인고?

지는 소리 여기저기 요란하다. 엉덩방아를 찧자 따르던 일행이 "하체가 부실하군요"라는 즉각 진단에 신체단련과 무관하게 살았다는 반성을 하였다.

능선에 올라 구름이 계곡을 메워 주변의 높낮이는 알 수 없고, 아련히 잿빛의 너덜 바위가 정상까지 펼쳐져 있다. 비까지 내려 바위에 미끄러지고 넘어지며 오르기를 계속하였다. 몽롱한 의식 속에서도 정교하게 쌓은 성벽의 벽돌에 새겨진 기호를 보고 혹 발해로 들어가는 암호가 아닌가. 하여 생각은 발해 시간 속을 헤엄치고, 몸은 갸우뚱하면서 바위틈에 빠지고 말았다. 일행의 필사적 구조가 없었다면 목을 길게 늘이고 걸음수에 운명을 맡기고 걸었다.

오르막이 끝나 고개를 들자 정상이다. 아, 넘어져도 일어서야 정상에 도달할 수 있구나. 나무 가지에 행운을 비는 무수한 형형색색 헝겊이 걸려 바람에 펄럭인다. 마치 색동저고리를 입은 무동들이 한바탕 노는 듯하다.

인생이란 무엇인가에 답을 얻으려 고심한다. 인생을 뭐라 할까?

대나무 쪼개지듯이 시원하게 표현할 수 있다면 좋으련만 겨우 인생은 시간위의 그림으로 하였다.

해외산행 대원들은 생동감 있는 인생길을 보여주신 분들이다. 신령스런 비단산 정기를 받아 건강하시고 가정에 만복이 있기를….

북해도 대설산

여름날 여행사 설명회에 참석했다.

북해도는 현재 가을 날씨, 9월부터 눈이 오고 겨울에 2미터 적설은 보통이다. 다이세츠산(大雪山)은 고지대라 기상 예측을 못하니 우의, 방한복, 내의는 필수이며 가이드 지시에 잘 따라야 한다. 작년 이 시기에 60대가 일행과 헤어져 동사했다나….

대설산을 목표로 해외 산행 준비는 끝났다.

에어부산여객기는 털컹하는 소리를 남기고 바다 위를 날고 있다. 바닷물은 푸르다 못하여 검다. 햇볕에 반사되는 물고기 비늘 같은 물결은 초원 위를 수백 마리 말이 갈기를 세우고 달린다. 동해 또는 일본해라는 세속의 줄다리기에 시큰둥한 채, 바다는 바다 그대로이다.

왜는 668년 고구려가 망하자 나라 이름을 해 뜨는 곳에 가까이 있다고 日本이라 한다. 신라는 문무왕 10년(670)에 왜로부터 국명을 일본으로 한다는 통고를 받는다. 2년의 시간은 거리가 멀어서, 아니면 신라와 맺힌 것이 많아 늦장 통보일까.

둘째 날 06시, 높고도 험하다는 대설산을 바라보고 신발 끈을 조여 맸다. 최종 브리핑이다.

북악에서 분화구 능선을 왼쪽 방향으로 반 바퀴 돌아내려서 구릉 따라 이동, 눈 쌓인 계곡에서 점심, 간궁악 능선을 지나 급경사 타고 목적지 욱악에서 자견으로 하산이다. 갈림길을 만나면 두 번은 좌측을 선택하고 세 번째는 우회전하는 것을 잊지 말라.

로프웨이로 몸의 고도를 높이고 심수열 동기와 리프트에 나란히 앉아 발밑으로 스치는 야생화를 보며 흑악칠합목에서 내렸다. 북악까지 1.7km는 경사길이다. 고개를 숙이고 오르는데 코끝이 비탈면에 닿고, 무릎을 올려야 되건만 주인 말을 듣지 않아 뒤 굽이 땅을 차고 또 찬다.

중력에 의하여 산을 내려오는 사람 보다 올라가는 사람이 멈추기 쉽다. 그런데 일본 등산객은 내려오는 일행이 옆으로 서서 길을 양보한다. 힘들어하는 자에 대한 배려에 감동된다.

"고맙습니다."

"스미마센, 스미마센."

친절함에 경계심이 사라진다.

시선이 지면에 근접되어 실상을 보고 말았다.

미끄러지지 않게 통나무를 다듬어 가로로 걸치고 나무 말뚝으로 고정시켰는데, 수리를 요하는 부분에 숫자가 적힌 빨간 헝겊을 부착하였다. 일본인의 치밀성에 가슴이 서늘하다.

여름이건만 고지대 계곡마다 눈이 쌓여 있어 만년설이고 하단에 개울물이 흘러내린다. 아, 눈 녹은 물이 강을 이룰 수 있구나.

대원들은 야생화밭에서 점심을 먹거나 만년설 배경으로 사진을 찍는다. 43기 동기들은 개울 근처에 앉아 있다가 머리를 처박고 올라오는 나를 마중나온다. 발을 물에 담그고 김밥을 먹지만 속이 놀랐는지 반도 먹지 못하였다.

정유권 동기가 만년설을 보고 눈을 지그시 감더니 오솔레미오를

왔노라! 보았노라! 담았노라!

눈 속의 꽃씨는 설중화로 피어나고, 설산의 물은 미인의 눈물 되어 흐르노라.

부른다. 예상치 못한 행동에 대원들이 일어나 박수를 보내자 답례는 일본 노래이다. 대원들의 환호성에 만년설이 녹아 폭포수가 되고, 제목이 뭐냐고 묻자. 홋카이도를 고향으로 푸른 하늘을 그리워하며, 어머니가 작은 선물을 보냈는데 볼 때마다 고향으로 가고 싶다는 「북국의 봄」이란다.

시라카바 아오조라 마니미카제~
코부시사꾸 아노오카 카다구니노 아아 키다구니노 하루~
도도이따 오후꾸로노 치이사나 쯔즈미

자작나무 푸른 하늘 남쪽에서 부는 바람~
목련이 피는 그 언덕 아아 북국의 봄~
어머니께서 보내 주신 자그마한 꾸러미

간궁악 정상이 보인다.

악(岳)은 산 위에 작은 산이라는 뜻, 정상 아래는 완만한 오르막이라 주변을 돌아보는 여유가 있다. 왼쪽은 분화구 안, 오른쪽으로 건너편 산을 볼 수 있다.

계곡마다 쌓인 눈 모양도 가지가지이다.

한반도가 있다. 분명 한반도이다. 1972년 삿포로동계올림픽의 성공적 개최는 전후 일본인에게 자부심을 심어주었다면 평창동계올림픽은 한민족의 큰 도약을 약속하는 계기가 되겠구나.

아찔한 코스, 가파른 경사면에 100미터 정도 눈길, 이어 500미터 이상을 올라야 한다.

머릿속이 하얘져서야 눈길이 끝나자 이번에는 바닥은 화산암으로 딱딱하고 화산재가 콩알 크기로 미끄럽고 잡을 나무도 없다. 빙산 같은 험로이다. 어디선가 간간이 계분 냄새가 날려 온다. 냄새에 취해 몽롱하고 스틱에 의지한 몸은 천근만근….

한반도 모양

드디어 정상이다.

세운 나무에 욱악 그리고 옆 표지석에 '북위 43도 39분 48.9초, 동경 142도 51분 14.9초, 표고 2290.9米, 1900년 9월 10일 국토지리원에서 측정'라고 새겼다.(m를 米로 표기하고 있다.)

욱악(旭岳) 2,219m에서 필자

실로 1900년에 일본은 국토를 본, 초 단위로 정밀하게 재단하였다. 고생하여 올라온 사람에게 일본의 진면목을 보여준다. 매서운 눈초리에 냉정한 얼굴을….

하산. 오른쪽으로 분화구를 보고 좁고 경사가 심하고 미끄러운 길이다. 맨 하위에 처졌다. 그래도 뒤에는 성환철 산행대장이 있다. 무릎을 낮추라고 주문하건만, 다리가 풀려 착지가 늦어 엉덩이가 먼저 지면에 닿고 팔꿈치와 등이 동시에 철퍼덕한다. 비바람이 없고 옅은

농무이라 우의와 비옷을 입지 않는 것이 천행이다.

'꾸르르~렁' 하는 소리를 정녕 케이블카 소리라고 믿고 싶다.

가만히 들어보니 불규칙하다. 오른쪽으로 눈을 돌린다. 분화구 바닥에 물이 고여 저수지가 되었고 옆에 가스가 연신 분출되고 있다. 꾸르르~렁! 소리 내며 흰 연기가 뭉게뭉게 피어난다. 아, 계분 냄새는 유황 냄새구나.

일본에는 120개 화산이 활동하며 북해도 온천은 곧장 분출한 유황물이라 몸에 좋다. 2차 대전 중에 부상병을 북해도로 후송하였는데 온천물은 상처 치유에 효과가 높아 회복이 빨랐기 때문이란다. 그런데 완쾌된 몸으로 바로 제대를 하였을까?

케이블카 탑이 보인다. 11번을 일으켜 준 산행 대장에게 미안하여,

"한 번 더 넘어지면 해외 산행에 참여하지 않겠다."

"선배님! 넘어지면 일어서면 됩니다. 힘내시지요."

총무 조규찬은 "선배님, 기록 담당이라서 찍겠습니다." 하고는 미끄러져도 주저앉아도 셔터를 누른다.

일정을 마치고 북해도 게를 무한정 제공되는 식당에서 만찬이다. 무용담이 빛을 발한다. 심수열 대원의 스틱 없이 대설산을 등정한 투혼은 현란하다.

김익섭 단장이 미사일 엑기스를 돌리고 겁(劫)으로 인연을 도입하더니 해외 산행을 쭉 이어가자고 한다.

심기환 명예 단장이 잔을 높이 들게 하더니,

이게 술이 가 / 아니다
그럼 뭐꼬 / 정이다
어쩔꼬 / 마시자

상원사종(上院寺鐘)

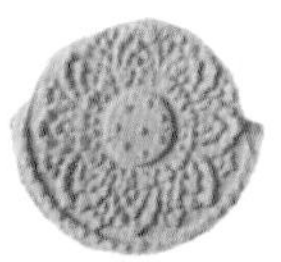

八

5월은 사랑을 공부하는 달

5월은 신록의 계절.

신록이란 늦은 봄이나 초여름 초목에 돋아난 잎의 푸른 빛을 말한다. 새잎은 여린 색이지만 녹색이 될 가능성이 있어 희망적이다. 신록의 푸른빛은 엽록소의 왕성한 생성으로 잎에서 뿜어 나오는 동력원이다.

5월은 계절의 길목.

봄에 피었던 꽃이 역할을 다하고 열매를 키우는 시기, 광합성은 이산화탄소와 물을 엽록소에서 빛에너지를 이용하여 양분을 생산하는 작용이며 양분은 열매가 되는 것이다. 좋은 결실을 맺기 위하여 5월의 잎에서는 광합성이 활발하게 일어난다.

5월은 행사가 많다.

부부의 날, 어버이날 등 8개 이상의 날이 있으며 유난히 가족관련 기념일이 많다. 기념은 어떤 뜻깊은 일이나 훌륭한 인물 등을 오래도록 잊지 아니하고 마음에 간직하라는 뜻인데 다양한 인간관계 기념일이 이달에 집중되어 있다는 것은 5월의 특성에서 그 의미를 찾아보자는 것이리라.

원나라 조맹부와 부인 관도승은 부부 금실이 좋았다. 어느 날 조맹부가 잔칫집에서 가녀를 보고 부인에게 첩을 들여도 되겠느냐고 묻자 그녀는 시 한 수를 내밀었다.

흙, 한 덩이 집어서 축이고 이겨 나의 모양 만들고 임의 모양 만든 다음, 부수고 깨뜨려 한데 놓고 물을 부어 이기고, 또 이겨서 임의 모양 만들고 내 모양 만들면 내 흙에 임 계시고 임의 흙에 나 있겠네. 아무도 우리를 가르지 못하리니 살아서 한 이불에 잠자고 죽어서 한 무덤에 묻히리.

가락국 허왕후 일곱 왕자는 외삼촌을 따라 가야산, 의령 수도사 및 자굴산, 사천 와룡산을 거쳐 지리산 반야봉 아래 운상원을 짓고 참선에 들어가고, 왕후는 아들을 찾아갔지만 공부에 방해된다며 산문에서 쫓겨난다. 왕후는 산 중턱에 임시 별궁을 짓고 무작정 기다린다.

아들을 만날 수 있다는 기별을 받고 왕후가 칠불암에 도착은 해가 어름어름 지던 저녁녘, 그처럼 보고 싶었던 아들을 영지에 비친 모습만 볼 수 있었다. 지금도 칠불암 주변에는 허왕후 임시 거처지는 천비촌, 해거름에 도착한 장소는 어름골이다. 허왕후가 아들에 대한 그리움으로 검게 탄 가슴인지 눈물인지 검은 바닥 영지에는 검은 물이 고여 있다.

부부는 흙으로 빚고 다시 섞어 빚은 것처럼 영원하다고 깨우치는 관도승의 부부관계의 비유에 가슴이 뭉클한다.

허왕후의 아들에 대한 지극한 사랑은 두 즈믄해 지난 오늘날까지 그 흔적으로 남아 있음은 모정은 영원하다는 것을 보여 주는 것이리라.

전방에 근무하는 아들 면회를 한 번이라도 갔던가, 휴가 나왔을 때 맨발로 뛰어나가 마중을 했던가.

물체를 결합시키는 것은 질량에서 나오는 인력이라 한다. 사람을 결집시키는 것은 무엇일까? 서로 당기는 힘은 사랑에서 나오는 것.

사랑은 어디서 오는 것인가?

사랑은 마음에서 나오는 것이 아닐까.

마음으로 사랑을 보는 공부를 하리라. 이 5월에는.

거인은 가고 소녀는 남고

주원장은 25세에 뜻을 세워 41세에 중국을 통일하고 71세에 숨을 거둔다. 안후이성 봉양현에서 가난한 농부의 넷째 아들로 태어나 중팔로 불리다가 홍건적에 참가하는 무렵에 원장으로 개명했다.

17살에 전염병과 기근으로 부모 형제를 잃고 황각사라는 절에 들어가 중이 되었다. 절에서 청소와 심부름을 하던 중팔에게 가장 힘든 일이 사천왕상의 다리 사이 먼지를 청소하는 일이었다. 황제가 되고 난 후 모든 절의 사천왕상은 청소하기 좋도록 한 발을 들도록 명령했다고 하니 이는 사천왕상의 역사에 중요한 전환점이다.

탁발승으로 있다가 홍건적 우두머리 중 하나인 곽자흥 휘하에 들어갔다. 관군을 거듭 패퇴시키면서 능력을 인정받아 참모로 승격되고 양녀와 결혼을 하여 사위가 되었다.

진우량, 장사성 등의 남북 군웅을 제압하고 원을 멸망시킨 후,

1368년 남경에서 명나라를 건국하고 황제에 등극하였다.

주원장은 드라마에서 볼 수 있다.

정부의 권위와 기본적 국민윤리에 대한 인식이 사대부뿐 아니라 일반 서민에까지 퍼져 있어야 마땅하다는 생각에서.

'부모에게 효도하라, 웃어른을 공경하라, 자식들을 바로 가르쳐라, 이웃끼리 화목하라, 각자의 직무에 충실하라, 옳지 않은 일을 옳다고 하지 마라.'

육유(六諭)를 반포하여 동민들이 매월 여섯 번씩 모여 낭독하도록 했다.

원장은 탁발승으로 머리를 깎은 것 때문에 광(光), 대머리 독(禿)자를 쓰거나 승(僧)과 발음이 비슷한 생(生)자와 반란군 출신이란 의미의 적(賊)과 발음이 비슷한 칙(則)자를 금기어로 하는 '문자의 옥'을 설치한 것이다. 生이라는 글자를 써서 상소를 올리거나 홍건적 출신이라는 콤플렉스를 자극하는 賊과 모양이 비슷한 則자를 써서 상소를 올리는 자는 가차 없이 처형했다.

한 선비는 "빛이 가득한 천하에 하늘이 성인을 낳아서 세상을 위해 법칙을 만들도다.(光天之下 天生聖人 爲世作則)"라는 구절을 지어 칭송하였는데 금기어가 포함되어 죽음을 면하기 어려웠다.

다음 세대에 안정된 정치를 할 수 있도록 엄격한 국법과 숙청을 단행해 많은 공신을 죽인다.

공포와 불신만이 가득한 군신 관계에 문제가 있다고 여긴 황태자 주표는 신하들을 의심하고 죽이는 일을 그만두라고 청한다.

원장은 가시가 잔뜩 박힌 막대기를 가져오게 해서 집어보라고 하고,

"가시 때문에 잡을 수 없습니다."

그는 한 손에 막대기 끝을 잡고 다른 손으로 가시를 훑어내고는 손바닥에 고인 피를 수건에 닦으면서,

"표야! 너를 위해 가시를 말끔히 잘라내 주겠다. 지금 내가 하고 있는 일이 바로 그런 것이니라. 어째서 그 뜻을 몰라주느냐?"

유일하게 '중팔'로 부를 수 있는 사람은 황후, 곽자흥이 사위를 광에 가둔 일이 있었다. 부인은 광의 구멍을 파고 그에게 먹을 것을 들여 주기도 했다. 양아버지의 노여움을 풀기 위해 양모에게 지극 정성으로 대했다.

황후가 된 뒤에도 검소하며 원장의 유일한 친조카가 민기에 피해를 입히는 사건에 연루된 관료들이 모조리 처형당하고 조카 역시 처형당할 위기에 몰렸으나 구명하기도 했다. 이러한 황후가 죽고 심약하지만 성군의 자질을 갖춘 태자마저 저세상으로 먼저 간다.

세월이 흘러 고난을 함께했던 사람들은 죽고 혼자된다. 기력은 손가락 사이로 빠져나가는 모래처럼 잡을 수 없고 지존이라 가까이 오는 사람도 없다. 유일하게 말벗은 개국공신으로서 역모에 가담되어 처형된 집안의 후손 '소청'이라는 여식 아이와 노년생활을 보낸다.

국법은 황제와 가까이했던 여인들은 함께 죽어야 하는데 소청은

혈육이 아니라 '황제의 여인'으로 분류되어 원장 따라 무덤에 들어가야 하며, 철천지원수라는 것을 모르는 나이이다.

소청을 무릎에 앉히고 방금 끝난 자신의 초상화에 대하여 묻는다. 원장은 거의 실명 상태였다.

"이번에는 이 할아비를 닮았느냐?"
화공은 목을 빼고 소청의 입을 바라본다.
"첫 번째 그림은 너무 착하게, 두 번째 그림은 너무 무섭게 그렸거든요."
"두 그림은 모두 이 할아비가 맞다. 사람은 무서울 때도 있고, 그렇지 않을 때도 있단다."

앞의 그림은 미간이 넓고 눈썹이 짙으며 둥글고 큰 눈, 부드러운 시선 처리를 하고 팔자수염으로 인자하게 보인다. 더욱 노란색 곤룡포를 입어 온화한 인상이다. 나중 그림은 매의 눈에 광대뼈가 튀어나오고 미간에 주름이 굵어 두개의 혹이 붙은 듯하다. 붉은색이고 용을 수놓은 곤룡포를 입어 위엄이 넘치며 사납게 보인다. 소청이의 평가를 받은 두 초상화는 현재 보관되고 있다.

650여 년을 거슬러 실감나는 재현은 영상기술과 작가의 상상력으로 가능한 일이다. 과연 소청이라는 천애고아가 스러져가는 불씨 같은 원장과 오순도순 이야기하며 생활했을까.

원장은 숨 거두기 직전에 소청을 성 밖으로 빼돌려 행복하게 살게 해주는 것이 거인의 관용이고 배려가 아닐까?

시공간을 넘어 소청의 생존에 걱정이 밀려온다.

원장으로 개명하고 좌충우돌 불혹에 나라 세우고,
오래도록 이어지게 두 손바닥 피로 물들었건만
오로지 화공의 떨리는 붓끝에서 두 개의 초상화 남겼네.
한 백 년 발밑을 보고 달려온 메골 댁 막내아들
어떤 초상화로 다듬어질까.

성충과 윤충은 어떤 관계

삼충사

성충(成忠) · 윤충(允忠)은 성명인가 이름인가?

성명이라면 '충'은 이름이 되고, 이름이라면 성씨는 무엇일까?

두 사람이 같은 성씨라면 가족관계도 될 수 있다.

부여 부소산 남쪽 기슭에 삼충사(부여읍 쌍북리)가 있는데 백제의 성충·흥수·계백의 충절을 기리는 사당이다. 성충은 의자왕 때 좌평으로서 잘못된 정치를 바로 잡기 위해 애쓰다가 투옥되어 생을 마감한다.

윤충은 대야성(합천)을 공격하였는데 성주는 김춘추 사위인 김품석이다. 마침내 성문을 열고 항복하지만, 윤충은 성주와 처자의 머리를 베어 사비성으로 보낸다. 이에 김춘추는 딸의 원수를 갚을 전략을 김유신과 공유하고 당나라 힘을 빌리고자 배를 타게 된다.

고구려 을지문덕과 연개소문, 백제 무왕과 성충, 신라의 무열왕과 김유신이 서로 각축하고 중국을 상대로 용맹과 지혜를 겨루는 7세기 한국의 세 나라의 사실을 다룬 삼한지(김정산 지음)에 의하면,

성충은 무령왕이 아직 임금이 되기 전, 왜국에서 낳은 서자의 후손으로 그 조부인 부여인(夫餘忍) 대에 일가가 백제로 건너왔다. 인은 한때 위덕왕 조정에서 벼슬을 살기도 하였지만 말년에는 벼슬을 버리고 중국을 넘나들며 장사로 많은 돈을 벌었다. 그는 두 아들을 두었는데, 첫째가 부여유, 둘째가 부여위이다. 성충은 둘째 위의 장자이다.

또 다른 대목에서,

의자왕은 군령을 내렸다.
"윤충은 들어라! 너는 지금부터 꼭 한 달 뒤인 내달 초닷새에 군사들을 이끌고 남악으로 내려가서 국경의 정군과 향군을 총동원하여 대야성을 쳐라."

성충이 나서서,
"신의 아우 윤충은 비록 칼 쓰는 법은 알지만 군사는 부려본 일이 없는 신출 중에서도 상 신출입니다. 더구나 국운이 걸린 중대한 싸움에 선봉

낙화암 가는 길 '연리지'

장은 당치도 않으니 은상공과 같은 명장의 막하에서 시석이나 나르도록 했다가 훗날을 기약하심이 가할 줄 압니다. 통촉하소서"

이상을 정리하면,

성충과 윤충은 각각 이름이며 성 씨는 '부여'이다. 백제 왕실의 성을 처음에는 우에서 여라 하였다가 부여 씨로 썼다. 이는 시조인 온조왕이 부여에서 나왔기 때문이라 한다.

평소 '성충과 윤충은 무슨 관계가 있겠지' 하는 의문으로 무겁던 마음이 가벼워지고 시야가 넓어지는 듯했다. 반면에 인용한 역사소설에서 얼마나 사료에 충실했는지 우려가 되기도 한다.

일본에서 보는 박사 왕인

사이고 다카모리상

우에노공원 입구에서 낮은 언덕을 오르면 기단 위에 우람한 남자의 동상이 눈에 들어온다. 굵은 목, 잠옷을 입고 왼손에 칼을 쥐고 오른손은 개 목줄을 치켜들고 있는데 두 귀를 세운 개는 금방 달려나갈 자세이다. 장딴지를 드러내고 조리를 신었다. 잠옷 차림에 개를 몰고 산책을 하면서 칼을 차야 하는 나라인가 으스스하다.

동상 주인은 메이지 유신의 주역인 사이고 다카모리, 왕정복고를 실현하는 데 커다란 역할을 했다. 도쿠가와 막부의 본거지 에도성 무혈입성을 성사시켰고, 무력으로 조선을 정벌하겠다고 주장한 정한론자이다.

기단 안내판에 사이고의 좌우명, 하늘을 숭배하고 인간을 사랑한다는 敬天愛人을 또렷하게 읽을 수 있지만….

고개 돌려서 조금 걸어가자 의관을 정제하고 의자에 앉은 청동부조상이 있다.

눈에 익은 관모를 쓰고 수염은 알맞게 길고, 무릎까지 내려오는 저고리를 입었다. 손을 소매 속에 넣었고 저고리 끈은 나비 모양으로 매었다. 신은 발등을 덮었고 발은 받침대에 나란히 얹었다. 하단에 안내문이 있다.

박사 왕인은 4세기 말 대한민국 전라남도 영암에서 탄생하였다고 전해진다. 古事記, 日本書紀에 따르면, 응신천황의 초청을 받아 논어와 천자문을 가지고 일본으로 건너가 황태자의 사부가 되어 충신효제를 가르쳤으며 아스카문화를 꽃피우게 한 학자로서 공자에 비유되는 성인으로 추앙받았다. 옆의 비석은 1940년대 왕인박사헌창회가 세운 박사 왕인(博士

王仁)비이다.

국내에서 책으로 알아왔던 『고사기(古事記)』와 『일본서기(日本書紀)』라는 단어를 일본에서 보게 되어 긴장되었다.

작가 최인호의 역사소설 『잃어버린 왕국』을 보고 안만려라는 인물이 각인되었기 때문이다.

황산벌 5천 결사대 최후의 전사자 다신부를 아버지, 계백의 질녀 온사녀를 어머니로 백제 멸망을 한꺼번에 맞닥뜨리고 태어난 아이, 그 이름은 고사기와 일본서기를 편찬한 안만려이다. 훗날 태조신이라는 관명에 따라 태안만려로 불리기도 한다.

663년 백강 전투에서 패퇴하는 왜선에 수만의 백제 유민들 가운데 사택지적비문을 쓴 사택지적의 아들 사택소명, 일본 역사상 가장 위대한 시인이었던 산상억량, 안만려도 함께 타고 있었다. 온사녀는 산상억량의 모에게 아들을 부탁하며 죽으니 수장되었다.

안만려는 작은아버지 다품치의 양아들로 들어갔다. 배 위에서 숨을 거둔 어머니를 평생토록 그리워하여 어머니를 떠올릴 때마다 푸른 파도와 바다, 눈부시게 파도의 포말 속에 부서지던 일광, 얼굴을 스치던 바람의 손길 같은 영상을 떠올리곤 하였다.

사기를 편찬한다면 마음속에 숨어 있는 어머니의 고향을 역사 속에 함께 그려나갈 수 있을 것이다.

사기를 편찬하기로 결심하고, 비조사로 출가하여 절의 서고에 있는 각종 고기와 제기, 역사책을 섭렵하여 역사에 관한 그의 해박한 지식은 당대 제일이 된다.

712년 1월 29일, 마침내 일본 최고의 역사서 『고사기』를 완성하였다. 그는 서문의 말미에 정5위상훈5등 태조신 안만려근상(正五位上勳五等 太祖臣 安萬侶謹上)으로 기록하였다.

안만려는 고향에 대한 그리움을 고사기 속에서 고향을 한국(韓國)으로 표기하였다. 韓國은 아름답고 큰 나라를 말할 때 사용되는 낱말이다. 그리고 고향을 무시하거나 멸시하는 말을 사용하지 않았다.

사인친왕은 일본서기 편찬 명을 받고 안만려를 동참시키고자 찾아온다. 꽃잎이 떠내려가는 강에 낚시를 드리우고 있는 옆에 앉으며,

사인친왕 "그대는 고기를 낚고, 나는 그대를 낚으러 나왔네."

태안만려 "강물을 보러 왔는데 흘러가는 물은 보지 못하였습니다."

사인친왕 "그럼 무엇을 보았는가?"

태안만려 "꽃잎은 지지만 꽃은 영원하다고 느꼈습니다."

안중근 동양평화론

엘리베이터가 운반해 주는 도쿄 타워 전망대에 올랐다. 여기저기 신사와 납골당을 볼 수 있고 빌딩 사이에 숲으로 둘러싼 절의 본당 뒤 즐비한 묘탑이 눈에 들어온다.

절 정문 대리석에 정토종대본산증상사로 새겼다. 종루에 범종이 걸렸는데 4개의 유곽에 20개씩 80개의 유두가 있고 공명 홈이 없다.

담을 따라 절 뒤로 이동하자 관람료를 받는 덕천장군가의 묘소이다.

당대 최고 기술로 묘탑을 치장하여

덕천장군가의 묘탑

국보로 지정되었다가 소화 20년(1945) 폭격으로 대부분 소실되어 해제되었다. 2대 수충공, 6대 가선공, 7대 가계공, 9대 가중공, 12대 가경공, 14대 가무공의 묘탑이다.

1세기에 걸친 혼란시대를 종식시킨 풍신수길이 임진왜란을 일으켜 사망하자, 도쿠가와 이에야스는 국내에 남아 비축했던 힘으로 1600년 세키가하라 전투로 정적들을 제압하고 일본을 통일한다. 에도에 막부를 열어 쇼군이 되고 아들 히데타다(秀忠)에게 쇼군을 물려준다.

풍신수길은 농부의 아들로 태어나 바늘장사를 하다 노부나가 눈에 띄고, 일본을 통일하여 관백의 자리에 올라 태양의 아들이라 자칭하며 임진왜란을 일으킨다. 그 결과 조선은 150만결의 토지가 50만결로 황폐해졌고, 죽은 자를 헤아릴 수 없고, 9만 명의 포로 중에 송환은 소수에 지나지 않는다.

조선을 전쟁의 소용돌이에 빠뜨린 풍신수길 가족은 안녕했을까.

그는 원로들에게 아들 풍신수뢰를 부탁한다고 유언을 하지만, 오

사카성을 지키고 있는 풍신수뢰는 덕천가강의 종전 제안을 받아들이고 해자를 메운다.

풍신수뢰는 적장의 말을 대책 없이 믿다가 성은 함락되고 만다. 천수각 뒤쪽으로 내려가면 다이묘의 문장이 새겨진 돌이 어지럽게 널려 있고, 구석에 초라한 비석이 있다. 풍신수뢰·정전자인지(豊臣秀頼·淀殿ら自刃の地)로 새겼는데 모자가 자살한 장소이다.

풍신수길은 2대에 절손되고, 덕천가강 후손은 쇼군으로서 영예를 누린다. 이는 울지 않는 새를 두고, 풍신수길은 "울게 만들어라" 덕천가강은 "울 때까지 기다려라"라는 인물 비교로 설명될 수 있을까.

상대의 의중을 길게 읽고 넓게 보는 눈을 가져 인내심의 달인으로 묘사되는 덕천가강은 과연 진주만을 기습하자 B-29에 본토를 초토화로 돌려받고 후손 묘탑이 파손될 것을 내다보지 못했단 말인가.

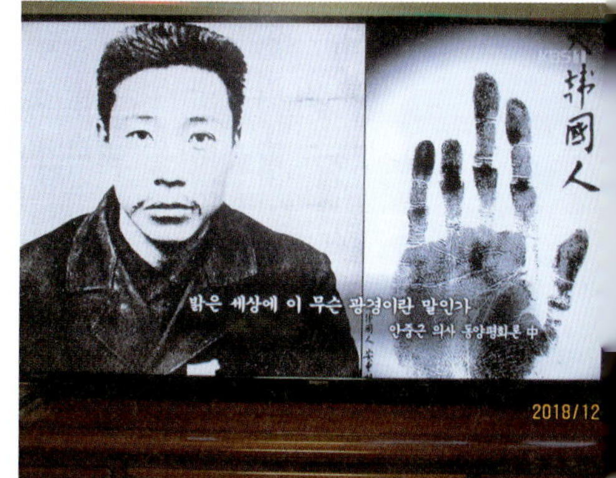

안중근은 대한제국 군대가 해산되자 간도를 거쳐 연해주로 망명하고, 1908년 대한의군 참모중장으로서 300여 명의 의병들을 이끌고 국내 진입작전을 벌여 두만강 근처 홍의동과 신아산에서 승리를 거두고, 동지 11인과 단지동맹을 맺으며 대일항쟁을 다짐한다.

1909년 10월 26일 오전, 안중근은 하얼빈역에서 이토와 수행원 3명을 권총으로 저격하고 "코레아 우라"를 외친 뒤, 러시아 헌병에게 체포된다. 1910년 2월 14일 사형 선고를 받고 40일 만에 사형이 집행된다.

안장군은 쫓기듯 진행되는 재판에 개의치 않고, 오로지 옥중에서 동양평화론 집필에 매진한다.

대체로 보아서 합치면 성공하고 흩어지면 패망한다는 것은 만고에 분명히 정해져 있는 이치이다(夫合成散敗萬古常定之理也)로 시작되는 서문과 전감을 작성하고 현상, 복선, 문답은 제목만 적어놓고 미완으로 남았다.

유족은 일제 추격을 피해 러시아령 목단강시와 수이펀허 사이에 자리 잡는데, 일본 밀정이 끈질기게 따라와 개울가에 물놀이 하는 7살 장남 안문생을 독이 든 과자를 먹여 죽였다. 어머니와 부인의 죽음에 날짜조차 기록을 찾을 수 없다고 한다.

2021년 3월 26일은 장군 안중근 순국 111주기이다.

가족과 가문의 안위를 뒤로하고 동양평화라는 대의를 위하여 몸바친 숭고한 정신을 이어가는 것, 동양평화론 완성이 아닐까.

노안 사용설명서

신문의 작은 글자마저 읽기 어려워 안과를 찾았다.

시력 측정과 안압을 재고, 눈에 광도 높은 빛을 비춰 여러 장 사진을 찍는다. 이리 보고 저리 보더니 노안이란다.

"어라, 오라고 한 적 없는데 어떻게 찾아왔을까."

예약된 날짜에 맞춰 눈 시술이 끝났다.

젊은 안과 전문의 가라사대,

"선생님! 지금까지 복종하고 요구에 따라 작동되던 그 기능이 선생님 의지를 벗어나 본래 눈으로 돌아갈 시기가 되었습니다."

"무슨 말입니까?"

"시력이 떨어진다는 말입니다. 사용 기간을 연장하기 위하여 눈에 휴식이 필요합니다. 가려서 보고 파란색을 많이 보게 해야 합니다."

내 눈을 내가 사용하는데 쉬게 하라는 진단을 어떻게 해석해야 할까. 혹사하면 눈에서 얻는 것을 잃을 수 있다니, 아껴 사용하라는 주문을 뒤로 하고 전문의 방을 나오자, 간호사가 눈에 약을 넣고 안대를 걸쳐주면서 물이 들어가면 덧날 수 있으니 일주일 동안 목욕을 금하라 한다.

3일을 어둠 속에서 누워 지냈다.

간병인으로 변신한 집사람이 우악스럽게 팔짱을 끼고 욕실로 데려가 안대 위를 수건으로 덮고, 욕조 안으로 머리를 밀어 넣더니 물을 끼얹어 비누칠을 하는 둥 쓱싹 끝낸다. 손가락에 힘을 넣어 머리 밑까지 문지르면 시원하련만, 요구할 처지가 아니라 참아야 한다.

목욕탕에 가면 두 번 정도 머리를 감고 온 · 냉탕으로 들랬다가 린스로 마무리하면 상쾌하다. 그렇게 길들여진 머리 감기에 투박한 손에 의지하려니 짜증이 날 정도이지만 한마디 하면 "네 손으로 하라"며 면박을 할 것 같아 숨고르기를 하였다.

4일이 지나 안대를 떼고 화장실을 갈 수 있었다. 마음이 차분해지고 진중해진다. 문을 열면 거울이 있어 눈 성능도 확인할 겸, 미소를 짓고 오른손을 들면서 들어선다.

어, 거울 속 남자는 어색한 미소를 짓고 왼손을 들고 있다. 시술

부작용으로 그렇게 보이는 건가. 왼눈을 찡긋한 채, 거울을 보자 거울 속 남자는 오른눈으로 따라 한다. 오른손 내밀어 악수를 청하자 대각선에 있는 손을 내밀어야 맞건만 왼손을 내민다. 거울 속의 동작은 거울 앞에 선 나와 판박인 줄 알았는데 딴판이다.

거울을 보고 차려 자세를 해본다. 머리털은 검은색인데 턱에서부터 빰까지 흰 털이 무성하다. 며칠 사이에 이렇게 변할 수 있는 것인가.

산은 가을이 오면 위에서부터 아래로 붉은색으로 변하고, 사람은 아래에서 위로 흰색으로 변해간다는 것인가. 높은 산에서 뚜렷하게 단풍이 내려오는 것을 볼 수 있다. 이것은 산은 위에서부터 철이 들고, 인간은 나이를 먹을수록 머리는 총명하게 입은 바른말을 하라는 가르침이련가.

거울 앞에 선 나는 거울 속의 나와 같은 사람이 아니고 유사한 사람이다. 거울 속 인물은 잡을 수도 만질 수 없다. 면도를 할 때 거울을 보고 손으로 만지며 매끈하게 정돈을 할 수 있었다. 실수로 피가 나는 경우, 상처 부위에 정확하게 약을 바를 수 있었다. 그것뿐인가 로션을 바르고 완벽하다고 윙크하고 출근하지 않았는가.

지금까지 거울 속의 나를 보면서 다른 사람이라고 생각하지 않았다.

손을 내밀면 그쪽에서도 손을 내밀었고, 팔을 벌리면 따라하였다. 그 정도에서 상황이 끝이었지. 거울 속의 손을 잡으려 시도하지 않았고, 껴안아 보지는 않았지만 내가 아니라고 부정해 본 적은 없다. 나를 잘 따라 주고 짜증을 내지도 않는 나의 분신인 줄 알았는데 일치되는 내가 아니다.

바늘귀에 실을 꿰어 어머니께 건네면 코에 걸린 돋보기 너머로 대견하다는 듯 바라보던 그 얼굴이 이제는 나의 얼굴로 클로즈업된다. 영락없이 세월이라는 마법에 걸렸단 말인가.

보는 것이 다 정보가 되지 않는다. 오히려 많이 보면 가려내고 추려내는 작업에 시달려 아예 모든 것을 필요한 것으로 치부하고 만다. 많이 보아야 경쟁에 이기는 것으로 여겨 밤낮으로 보려고 했고, 말을 많이 해야 남보다 더 많이 안다는 인정을 받는 것으로 여겨 다투어 말을 많이 했다.

눈에 위기가 와서야 바로 보게 되었다. 거울 속 영상을 진정 나라고 생각하고 있지나 않았을까. 나라고 하면 나와 일치된 행동을 해야 하는데, 오른손을 들면 왼손을 들고 거울 속의 오른손은 나의 왼손 편에 있다. 왼눈을 감으면 오른쪽 눈을 감는다. 거울은 비치는 대로 내보냈고 눈은 그대로 보았는데 판단은 그렇지 못하였다.

보는 대로 말로 옮기고 남보다 더 많이 보려 하였다. 이제 눈은 나의 의지를 벗어나려 한다. 무료 봉사 기간을 연장하려면 가려서 보고 정선된 말을 하여야겠다.

고사목은 새로운 시작

작정하고 두 번째 해인사를 찾는다.

홍유계곡 소리길이 끝나는 지점에서 우측으로 오르자 사리탑을 만난다. 여기저기 생명의 맥박이 울려 퍼지고, 뒤쪽에 성철 스님 사리탑이 있다. 사각형 기단 위에 반쪽 구를 엎어 놓고 그 위에 작은 구를 포개고 꼭대기에 구를 올렸다.

성철 스님은 "산은 산이고 물은 물이다"라는 말로써 널리 알려졌다. 당시 무소불위의 세속 권력자가 만나자고 하였건만, 산속 호랑이가 장터에 어슬렁거리면 초라한 개가 된다면서 거절하였고 대신 이로써 대신하였다.

칠 년 동안 눕지 않고 벽을 보고 깨달음을 얻은 스님 입

고사목

에서 나온 말이라 상승 작용이 있었다. 머리에 넣고 이리저리 굴려 보아도 답을 얻을 수 없었다.

호젓한 곳에서 성철 스님 사리탑을 대면하니 이번에는 해답을 얻겠다는 각오로 사리탑을 돌자 생각의 심연 속으로 빠져든다. 계곡으로 물이 흘러 강이 되고, 강은 산을 감싸고 있다. 수분을 머금은 흙이 산을 이룰 수 있고 물은 산에서 시작되니 산이 물이고 물은 산이다. 중생들아, 나의 사리탑을 반쪽 구, 구로 보이겠지만 마음공부를 하면 모두 둥글다는 것을 알게 된다. 열심히 공부하라는 메시지가 들리는 듯하다.

일주문 처마 밑에 무거운 현판을 읽어주는 것이 예의일 것 같다. 가야산에 있는 해인사(海印寺)라! 산에 있는데 왜 바다 海와 도장 印으로 이름하였을까. 안내문에 의하면,

> 해인삼매(海印三昧)란 있는 그대로의 세계를 한없이 깊고 넓은 큰 바다에 비유하여 거친 파도 곧 중생의 번뇌 망상이 멈출 때, 우주의 갖가지 참된 모습이 물속에 비치는(印) 경지를 말한다.
> 이러한 세계가 부처의 깨달음의 모습이며 중생의 본래 모습이니 이 길로 인도하는 도량을 해인사라 한다.

印은 여태 '찍다'로 알아왔다. 그래서 海印을 출렁이는 바다에 어떻게 도장을 찍으란 말인가. 너무 추상적이라 답답했지만 '비치다'라는 뜻이 있다는 것을 알게 되어 난제가 해결된다.

일주문을 지나 좌우로 전나무가 하늘을 찌를 듯 당당한 모습이다. 그런데 고개를 도로변으로 돌리자 검게 탄 세 아람 되는 나무 밑둥치가 보인다. 주변은 푸른 잎으로 싱싱한 모습인데 분위기에 찬물을 끼얹는 고사목을 방치하고 있다니….

해인총림이라는 현판 아래를 지난다. 우측에 매끈한 느티나무를 볼 수 있다. 두 길 높이부터 세 가지로 나눠지고 둘레에 말뚝을 세우고 가지에서 끈을 늘려 말뚝 끝에 고정시키고 긴 리본을 매달았다. 말뚝에 구멍을 내고 끈을 끼웠는데 하트 모양의 두꺼운 노란색 종

소원나무

이가 주렁주렁 매달렸다. 소원나무라는 유래는 이렇다.

신라 최치원(857~?)이 지은 순응화상찬에 두 화상이 당나라 유학 중에 지공대사의 제자로부터 가야산에 절을 지으라는 말을 듣고, 답사할 때 "가야산 산신령이 이곳을 점지해 주었다"는 기록이 있어 소원을 적고 기도하면 이루어진다는 것이다.

세 번째 현판 해동원종대가람 밑을 지난다. 넓은 마당이 펼쳐지고 왼쪽으로 기억해 두었던 기념품 가게가 있다. 지난 석탄일에 해인사를 찾아 대광보전에서 가족의 복을 빌고 있었는데, 귀에 익은 시그널에 화들짝 놀라 휴대폰을 열자 떨리는 딸의 목소리였다.

"아빠 어디예요?"

"해인사 법당이다. 전화할게."

허둥지둥 소리길로 내려와 홍류계곡 입구에 세워둔 차에 시동을 걸면서 휴대폰을 열어보았더니 메시지가 들어와 있었다. 요즘 힘들어하는 아빠에게 무슨 일이 생기는 것이 아닌가? 하는 우려에서 행방을 확인하고 끈을 놓지 마라고 연결문을 넣은 것이다.

'아빠 힘내세요! 해인사 간 김에 염주 좀 사 오세요. 너무 큰 거 말고 팔찌~'

난생 처음 딸의 부탁을 해인사 본당으로 올라갈 여력이 없어 '다음에 와서 사야겠다' 하고 작심한 것을 해결하려 곧장 가게에 들렀다. 이리 보고 저리 보다가 소원성취 염주에 시선이 멈춰 가족으로 확대하여 염주와 띠 팔찌를 골랐다.

내려오는 길에 고사목 표지석이 뚜렷하게 보인다.

> 신라 애장왕 3년(802년) 순응 · 이정 스님의 기도로 왕후의 병이 완치되자 왕이 두 스님이 수행했던 자리에 해인사를 창건할 수 있도록 하였다. 이를 기념하여 식수한 느티나무이다. 1945년 고사하고 몸통만 남아 해인사의 역사를 말해주고 있다.

끌리듯 고사목을 보호하는 쇠파이프 울타리를 따라 돌아가자 뒤쪽에 뿌리 사이에서 두 뼘 굵기 후계목이 무럭무럭 자라고 있다. 나무는 자연에게로 생명을 반납하는데 뿌리는 마무리하듯 온갖 정기를 모아 새로운 생명을 뿜어 올리고 있는 것이다.

여태까지 고사목으로서 자녀 마음을 비춰 보지 못했다는 후회가 밀려온다. 이제는 망설이지 말고 말하련다.

"딸 그리고 아들아! 너희는 고사목의 새 생명이란다. 소원성취 염주 잘 간직하고 꿈을 이루어라."

서포 시사 가는 길

버스는 자갈길을 덜컹거리며 달린다. 원전 삼거리에서 멈추더니 먼지를 남기고 느티나무 밑으로 사라졌다.

부자 관계로 보이는 두 사람이 버스에 내려 곤양으로 방향 잡아 신작로를 걷는다. 지팡이를 짚은 노인은 갓 쓰고 두루마기 차림에 흰 고무신을 신었다. 까까머리 소년은 교복을 입었고 보자기를 어깨에 걸쳤다. 검정 운동화, 상의 한쪽 깃에 교표, 다른 쪽은 1학년 배지를 달았고 교모는 눈썹을 가린다. 형이나 공부 잘한다는 친척의 것을 물려 받은 모양새이다.

소년은 이끼 낀 대리석 사각뿔의 다솔사 표지석을 요모조모 살피더니 메모지에 옮기고 노인은 아예 길가에 앉아 곰방대에 담배를

다솔사 표지석

재워 불을 붙인다. 한 모금 빨고 내뿜자 피어나는 담배 연기는 봉명산을 배경으로 구름 되어 피어오른다. 몇 바퀴 돌아본 소년이 고개를 들자 노인은 담뱃재를 털고 일어선다.

곤양에서 서포 가는 길로 접어들었다. 가을걷이 끝난 논에는 짚 가래가 쌓였고 담장 밖으로 늘어진 감나무 가지에 듬성듬성 홍시가 달렸다.

노인은 중학교 입학하면 서포 시사(西浦 時祀)에 데리고 가겠다는 약속을 지키고 소년은 몇 년을 기다렸다. 열악한 도로시설 및 버스 부족으로 면소재지를 벗어나기 어렵고 수학여행은 생각도 할 수 없었다.

곤양을 벗어나 한 시간을 걸었을까.

해가 중천을 지나고 있다. 노인은 지금쯤 지쳤겠지 하며 고개를 힐끗 돌리더니 역시나 하는 표정이다. 소년은 어깨가 축 늘어졌고 모자를 벗어 손에 들고 걷는다.

노인은 길가 바위에 자리 잡고 소년은 보자기를 풀어 주먹밥을 노인에게 올리고서 우걱우걱 먹는다. 노인은 주먹밥을 손에 들고 다른 손으로 수풀 속 표지석을 가리키며,

“아들아, ‘퇴계이선생장구소’이라 큰 선생이 이곳에서 지팡이를 내렸구나.”

“그 선생이 누군데요?”

“알아보고 훗날 네 아들을 데리고 와서 가리켜 주렴…”

이후, 그 중학생은 숙명적 과제를 대비하여 열심히 자료를 수집하였다.

퇴계 선생은 32세(1532) 겨울, 곤양군수 관포 어득강의 초청을 받아 이듬해 봄에 잔설을 밟으며 남도 여행길에 올랐다.

봄이 완연한 곤양 땅에 도착하여 관포와 서포 길 십리쯤에 있는 작도(까치섬)로 가서 조석(朝夕)에 관한 이야기를 나눈다, 조수가 들어 왔을 때 배를 타고 나가 그물로 고기를 잡기도 하고, 잡은 고기를 작도로 가져와 회를 쳐서 술잔을 나누면서 시를 읊으면서 즐겼다.

강산이 다섯 번이나 바뀐 유난히 하늘이 푸른 어느 날.

까까머리 중학생이던 소년은 철원 대성산 아래 포병부대에서 제대하고 흔들림 없는 차에 아버지를 모시고 서포 시사 가는 길이다.

주먹밥 먹던 바위는 도로포장 공사로 없어졌고 그 자리에 비석이 있다. 아버지는 차를 세우게 하더니,

"아들아! 退溪李先生杖屨所로 되었구나. 퇴계 선생을 알겠니?"

"이황 선생입니다."

"杖屨所란 무슨 뜻이냐?"

스마트 폰을 똑딱거리더니,

"장구소로 읽고 지팡이와 신이라, 이곳에서 유명한 사람이 머물렀다는 뜻입니다. 이동해 보시죠."

돌계단을 올라가니 사철나무 울타리로 길을 내고 담장을 둘렀으며 소슬 대문 기와집이 있다. 검색을 하더니,

"작도정사(鵲島精舍)입니다. 퇴계 선생이 시를 짓던 자리에 선생을 기리기 위하여 건립했습니다."

선생이 다녀간 지 395년 되는 봄, 지방 유림들이 작도정사를 건립했다. 일제강점기의 어려움을 무릅쓰고 이 일을 한 이유는 무엇일까?

당시 퇴계 종손의 정사건립 기문에서 지방 유림들이 선생의 학덕을 숭모했기 때문임을 말해준다. 1938년 일제가 바다를 매립하여 작도를 육지 속 작은 동산으로 되었고, 곤양향교는 정사관리와 추모의 예를 올리고 있다.

"어찌 그렇게 잘 알고 있느냐?"

"아버지, 이 기계 안에 손오공이 살고 있습니다. 요구하면 빛의 속도로 가져다줍니다."

"그래! 네 할아버지가 손자에게 이 곳에 큰 선생에 대한 인연이 있으니 가리켜 주라 하여 준비를 했는데…"

작도

아버지의 푸념에 아랑 곳 않고 비석 앞에 서더니 말미를 읊는다.

까치섬은 편편하니 손바닥 같고
금오산 멀리 높이 마주 보네
땅은 호흡하는 입이 되고
산은 드나드는 문을 지었네
예나지금이나 많고 적은 말들을 깨뜨리고 밝힌들 그 누구가 다 말하랴.

노인은 아들의 옆얼굴을 보며 씽끗 웃고서 아들의 방금 말을 중얼거린다.

'아버지! 오늘날은 아는 것 보다 그것을 실천하는 시대입니다.'

상원사종 젖꼭지 하나

오대산 상원사.

끌리는 이름이다. 눈으로 확인하고 싶은 귀물이 있기 때문이다. 안동도호부에 있다. 소리가 애절하고 멀리 퍼진다고 죽령 넘어 제천, 원주 진부령 거쳐 옮겨진 종.

섶다리

죽령 정상에서 멈추자 종유(젖꼭지) 하나를 떼어 제자리에 묻고 상원사로 옮겼다는 그 종에 종유 하나 떨어져 나간 흔적을 보고 싶었다.

월정사 계곡 양쪽으로 선재길을 닦았다. 문수보살은 지혜와 깨달음의 보살로 문수의 지혜를 시작으로 깨달음이라는 목적을 향해 나아가는 이가 선재동자이다. 참된 나를 찾아볼 수 있기를 기원하며 그 길을 걷는다.

섶다리는 나룻배를 띄울 수 없는 강에 임시로 세운 다리, 물푸레나무 기둥을 세우고, 소나무 또는 참나무로 만든 상판 위에 잎이 달린 잔가지를 엮어 깔고 그 위에 흙을 덮었다. 출렁거려 멈칫거려 보폭을 짧게 뒤꿈치를 들고 율동에 맡기자 안정된다.

관대걸이

두 계곡이 만나는 지점에 자연석을 세우고 오대산 상원사, 옆에 금 테두리 안에 적멸보궁(寂滅寶宮), 문수성지(文殊聖地)라고 새겼다.

좌측으로 길을 잡아 조금 걷노라니 허리 높이 돌을 깎아 세우고, 송이버섯 모양의 머릿돌을 얹었다. 요상하게 생겨 요모조모 뜯어보고 만져보는데 관대걸이란다.

세조가 어의를 걸어놓고 오대천 맑은 물에 목욕을 하다 지나는 동자승에게 등을 밀라고 한다. 손이 닿는 곳마다 시원하고 개운한지라 목욕을 마친 세조는 동자승에게,

"임금 옥체를 씻었다 하지 말라."

“문수보살을 친견했다 말하지 마시오.”

관대걸이 안내판의 설명은 이어진다.

주변 소나무는 백두산 중턱에 서식하는 수령 100년 이상의 잎갈나무이다. 여기서부터 약 2km 서쪽 서대장령 밑에는 우통수(宇筒水)라는 샘이 있어 물 비중과 맛이 특이하여 중국 양자강(장강) 가운데로 흐르는 중냉(中冷)과 같다 하여 한강의 시원이다.

이 샘의 최초 기록은 조선 태종 4년(1404) 권근은 오대산 서대 수정암 중창기에 쓰기를,

오대산 서대 장령 밑에서 샘물이 솟아나는데 그 빛깔이나 맛이 특이하였다. 무게도 보통 물보다 무거웠고 사람들은 이 샘물을 우통수라고 불렀다. 우통수는 바로 한강의 수원이다.

그러나 어찌할거나 세월은 흘러 583년 뒤, 국립지리원에서 우통수와 검룡소 발원의 물줄기가 만나는 정선 아우라지 합수점에서 실측해 보니, 검룡소 물줄기가 더 길어 한강 발원지는 우통수에서 검룡소로 바뀌게 된다.

울창한 잎갈나무 그늘 속을 고개 숙이고 걷는다. 겨우 벗어나 우측으로 눈길 가는 곳에 오석을 구름 모양으로 다듬어 세 화상 탑비라 새겼다.

한암대종사는 강원도 화천에서 태어나 금강산 장안사로 출가, 경허선사로부터 인가를 받고, 50세에 상원사로 들어와 열반 때까지 산문을 나가지 않았다. 조계종 초대 종정이며 1.4후퇴 때 국군이 적의 소굴이 된다, 하여 상원사를 태우려 하자 불상 앞에 바르게 앉은 뒤 "나는 부처님 제자요, 법당을 지키는 것이 나의 도리니 어서 불을 지르시오." 감동한 군인들이 문짝만 뜯어내 태우고 떠났다.

탄허대종사는 전라도 김제에서 태어나 한학에 능통, 한암 스님과 3년간 서신 문답 끝에 22세에 상원사로 출가, 화엄경 등 많은 경전을 번역, 43세에 월정사 조실이 되고, 승속을 초월한 인재양성 등불유도에 통달한 대석학이며 시대를 통찰한 사상가.

만화대종사는 평안도 덕천에서 태어나 상원사에서 탄허 스님을 은사로 출가, 전란 중에서도 한암스님을 마지막까지 시봉한 유일한 법손으로 회자된다. 34세에 월정사 주지가 되어 폐허가 된 월정사를 재건하고, 한암, 탄허스님의 수행 가풍을 계승 진작시킨 오대산 버팀목이었다.

상원사 입구는 돌계단이다. 산비탈을 조금씩 틈을 내어 도량을 넓혀 나갔다. 가파른 계단을 올라 휘청거리는 다리를 안정시키고 돌아보니 건너 산기슭이 코에 닿을 지경이다.

청풍루를 지나 절 마당에 들어선다. 본전은 ㄱ자형, 정면은 문수전이다. 공주가 세조의 수복을 빌기 위하여 문수동자상을 조성시켜 1466년 모셨다. 오른쪽은 6개의 기둥을 세워 두 칸이 앞으로 나왔는데 종사를 모시고, 처마 밑에 물 흐름 필체로 上院寺라 새겼다. 물은 불과 상극이라 화재로부터 예방하는 비법이라 한다. 문수전 계단아래 상체를 세우고 검은 이끼로 덮힌 두 마리 고양이 석상이 있다. 예사롭지 않다.

문수전 맞은편 정각 현판은 파란색 바탕 동판에 천음회향(天音回香)이라 새기고 가장 오래되고 아름다운 종이라는 설명을 덧붙였다. 처마 밑에 금색 현판이 있다. 탄허스님의 멋 부린 초서체로 종소리가 울리면 동이고 그치면 정이다라는 동정각(動靜閣)이다.

상원사종 좌측 상단 젖꼭지가 없다

그 안에 유리로 보호받는 종이 있으니 상원사동종, 네 개의 유곽 안에 9개씩 36개의 종유가 나열되었다. 과연 정면 왼쪽 유곽의 좌측 상단에 젖꼭지 하나가 떨어져 나간 빈자리를 볼 수 있다.

국보 36호 진부면 동산리. 현존하는 가장 오래되고 아름다운 이 종은 신라 성덕왕 24년(725) 조성되어 조선 예종 원년(1469) 상원사에 옮겨진 것으로 한국종의 고유한 특색을 모두 갖추고 있는 대표적인 범종이다.

음통이 있는 종뉴 아래에 안으로 오므라든 종신이 연결된 형태인데 이상적인 비례와 안정감이 있는 구조, 풍부한 양감과 함께 세부적인 묘사 수법도 매우 사실적이다. 비천상은 구름 위에서 천의자락을 흩날리며 공후와 생(笙)을 연주하고 있다.

종을 옮겨왔다고 하는데 원적지에 대한 언급은 없다. 그러나 젖꼭지 하나 떨어진 자리를 보고 전해 오는 이야기에 신뢰성을 더하기에 충분하다.

안동현에 유노리라는 귀부인이 때를 모르고 일에 파묻혀 사는 백성이 가여워 종소리로 시간을 알려 쉬게 하고자 종을 만들어 현에 기증하고자 한다. 예상했던 소리가 아니라 고심하던 차, 꿈에 선녀 36명이 애절한 목소리로 노래를 부른다. 선녀 대신에 36개 젖꼭지를 4개 유곽에다 만들어 넣자 소리 여운은 애절하여 사랑하는 사람이 듣고는 돌아오지 않고는 못 배길 종소리가 되었다. 안동도호부 남문루에 걸어두고 매일 시간을 알리게 된다.

물고기에 먹이를 주는 소년상

세조 원찰이 된 상원사에 안치할 종으로 선택되어 이동하던 차, 죽령 정상에 이르자 '텅'하고 종이 주저앉는다. 운종도감이 당황하는데 종지기가 해결책을 제시하고,

"7백 년 넘게 안동에서 소리를 울렸는데 죽령을 넘으면 친정으로 돌아올 기약이 없어 슬피 우는 것입니다."

"어쩌면 되겠느냐?"

"종유 하나를 원래 있던 곳에 묻으면 됩니다."

종유 하나를 떼어 안동도호부 남문루 아래에 묻고 상원사로 옮겨진다.

상원사종에 종유 하나가 떨어져 나간 흔적을 어떻게 해석할 것인가? 친정을 떠나는 이별의 아픔을 간직한 소리는 애절함으로, 지혜와 깨달음을 주는 마음의 영원한 울림이 되고자 한 것이 아닐까.

이뭣고다리

살아가며 하나씩 짐이 되었던 돌덩이를 내려 탑으로 쌓아놓고 지나온 길을 돌아보게 되었다. 마음이 가는 곳 그곳이 속리산이다. 40여 년 전 군복무지로 정이 남았나 보다.

군용트럭으로 달빛에 길을 물어 말티재를 넘나들었다. 한번은 차량이 통제 불능 상태에서 저수지까지 내려와 가슴을 쓰다듬으며 운전병에게

"왜 이렇게 차를 모느냐?"

대꾸가 없다. 귀대하여 귀에 대고,

"브레이크에 …, 천운이었습니다."

하고는 곧장 정비소로 돌진한다.

정이품송

그때를 생각하며 브레이크 페달을 밟아보고 말티재로 접근하는데 우회도로가 생겼다. 반쪽 남은 가지를 쇠막대가 받치고 있는 정이품송이 펄펄하던 군인이 늙은이로 변한 몰골을 이해된다는 듯 가지를 흔들어 준다.

안내판은 조선왕조실록 세조 10년(1464) 2월 27일자를 옮겼다.

속리산으로 가는 길목에 있는 소나무에 세조가 탄 연이 걸릴 것 같아 연 걸린다.고 하자 늘어져 있던 가지가 스스로 올라갔고, 갑자기 비가 와 소나무 아래에서 비를 피했다 하여 정이품의 품계를 하사하였다.
거가가 보은현 동평을 지나서 저녁에 병풍송에 머물렀다. 중 신미가 와서 뵙고 떡 150동이를 바쳤는데 호종하는 군사에게 나누어 주었다.

군인 시절에 쳐다보지도 못했던 속리산 호텔에서 밤을 보내고 새벽에 계곡으로 길을 잡았다.

세속에서 멀어지고 저쪽이 가까워지는 속리교를 건너자 아름드리 소나무와 굴밤나무는 그 자리에서 연륜을 두꺼운 껍질로 감싸고, 계곡 물길 따라 속리산 세조길이 생겼다. 세조가 스승인 신미대사가 있는 복천사로 순행 온 사실에 착안해 조성했다 한다.

수양대군은 조카 단종을 노산군으로 강봉, 네 번째 동생 금성대군이 순흥에서 복위운동 주모자로 발각되어 위리안치 시켰다가 죽이고 노산군에게 사약을 내린다. 이러한 과정을 보았기에 용서와 화해의 정치를 하라고 가르침을 주었다는 이가 신미가 아니던가.

제자가 지존이라 스승은 신하로서 산 아래까지 마중을 나가 떡을 올리고, 제자는 병풍송에게 정이품 품계를 하사하여 답례하니 스승에 대한 최상의 예우라 할 것이다.

산이 높아 노인 주름처럼 골이 깊고도 많다. 계곡마다 물을 담고 오다가 모이는 지점에는 그 만한 경치가 생기고 쉬어가라 정자가 있다. 세심정(洗心亭)이다. 물소리로 귀를 청소하고 초목을 보고 눈을 닦은 뒤에 마음을 깨끗하게 하라는 뜻이다. 마음을 봐야 씻을 수 있겠는데….

세심정 지나 목을 길게 빼고 걷다가 물소리 콸콸하여 고개를 들었다. 인적 드문 산속에 대리석을 다듬어 바닥에 깔고 돌기둥으로 난간에 걸친 다리가 있다. 화강암을 다듬어 세운 돌에 이뭣고다리로 새겼다.

이뭣고다리

이뭣고 '이'는 다리 이름을 새긴 돌을 말한다면, '뭣고'는 화강암 또는 다리 표지석이라고 응수를 하겠다. 이뭣고가 이렇게 간결한 것이라면 깊숙한 산중 계곡을 건너는 다리에 새겼을까. 인생 문제를 풀어내는 화두로 격을 높여야 하는 것이 아닐까. 이곳을 찾는 중생은 달을 가리키는 손가락 끝을 보지 말고 달을 보라는 가르침을 주는 것이려니….

오른쪽 위에 느티나무 가지 사이로 암자가 보인다. 바위산 밑을 조금씩 다듬어 기둥을 세우고 기와를 얹었다. 복천암 현판 아래로 문이 낮아 고개를 숙이고 들어가자 문짝 마다 연꽃 문양으로 치장된 극락보전이다.

복천암

문을 열고 들어가 부처님께 합장하고 둘러보는데 연꽃 벽화를 배경으로 하얀 머리, 흰 수염, 용머리에 하얀 수실을 늘어뜨린 주장자를 쥐고 붉은 가사를 입은 영정이 있다.

시선을 고정시키자 마음을 헤아렸는지 향을 사르는 보살이 신미 대사라고 한다.

"신미 대사가 누구냐?"

조용히 월상 스님에게 데리고 간다.

"스님! 이뭣고다리를 건넜는데 이뭣고가 뭣입니까. 가르침을 주십시오."

"다리가 있다고 자동차가 건너갈 수 있나요? 운전사가 있어야 합니다. 건너고자 하는 마음이 있어야 다리를 건널 수 있는 겁니다. 마음을 찾자는 거지요 마음을…"

신미 대사를 알고 싶으면 동자승을 따라가란다.

절 옆으로 능선을 넘자 조선 전기 고승 혜각존자 신미 대사(1403-1480) 승탑(보물 1416호)이 있다.

안내판에 '대사는 세종의 훈민정음 창제 작업에도 깊이 관여하였다고 알려져 있으며, 불경 국역작업을 주도하였다. 세조는 1464년 신미 대사가 주지로 있는 속리산 복천사를 방문하여 3일간 법회를 열었다'라고 적혀 있다.

옆에 학조화상탑(보물 제1418호)이 신미대사 승탑과 나란히 있다. 학조대사는 황악산인이라 하며 성종 19년(1488) 인수대비 명으로 해인사를 중수하였고, 연산군 6년(1500)에는 왕비 신씨 명으로 해인사 고려대장경 3부를 간행하여 발문을 짓는 등 조선 전기에 활동한 고승, 신미대사 제자이다.

신미대사와 학조대사 승탑

깊은 산속에 고승의 사리를 안치한 탑을 보니 예사롭지 않다. 상륜부는 이끼와 먼지로 검게 변했지만 구형의 탑신부는 깨끗하고 희미한 음각 흔적을 보이고 기단부는 3단이다.

신미대사가 훈민정음 창제에 관여했다는 글귀를 보자 국보급 보물을 발견한 듯 가슴이 뛰고 숨이 막힌다.

백성을 가르치는 바른 글자 훈민정자라는 알맞은 이름이 있지만, 사용하지 못할 정도로 내외적으로 작업 환경이 좋지 못해 보안 유지를 위하여 소수 전문가의 구성이 필수적이었다. 그런데 중의 신분으로 훈민정음 창제에 주도적 역할을 할 수 있었을까.

세조는 병풍송의 미세한 움직임을 읽었고 복천사에서 법회를 열었다. 과연 신미는 세조 스승이며 훈민정음 칭제에 관여했는가? 이러한 사실들이 이뭣고다리 건너편에서 일어난 일들이란 말인가.

복천수를 받으러 온 스님 차편이 있어 약수는 차후 인연으로 미루고 차에 올랐다. 이뭣고다리를 건너자 몸과 마음은 급속히 속세에 가까워진다.

명문을 준비하는 마음

도산서원에서 운영하는 선비문화체험을 연수하였다.

안동에서 청량산 가는 국도를 따라가다 유별나게 간고등어 깃대를 볼 수 있다. 식당 주인이 상을 차리며 산이 깊어 봇짐으로 옮겨야 하니 고등어를 소금에 절여 간고등어로 되었다. 처음이라 짭다는 맛을 느끼지 못하겠다.

도로변에 축담을 쌓고 담으로 비각을 싸고 그 안에 비를 세웠다. 설명하기를,

퇴계 선생 자작 명문

고려 말 우탁(禹倬)의 옛 집터에 세워져 있던 것을 안동댐 건설로 수몰되어 이곳으로 옮겼다. 역경이 동방에 전래되자

우탁은 문을 잠그고 달포 만에 그 진의를 터득하였다. 원나라에 갔을 때 정관이란 사람이 우탁의 역학에 대한 식견에 놀라, "우리가 논하는 주역은 동쪽에 이미 있었다.(吾易 東而已)"라고 하여 易東(역동)이 별호가 된다.

시조 문학의 효시인 「탄로가」를 남겼다.

한 손에 가시 들고 또 한 손에 막대 들고
늙는 길 가시로 막고 오는 백발 막대로 치렸드니
백발이 제 먼저 알고 지름길로 오더라

안동댐으로 침수된 농경지 흔적을 보면서 60리 달려 목적지 입간판을 보고 국도에서 내렸다. 첫 굽이 소나무 아래, 대리석 기단 위 깎은 오석을 세우고 앞면에 농암가비, 뒷면에 「농암가」를 새겼다.

농암에 올라보니 노안이 더욱 밝아지는구나
인간사 변한들 산천이야 변할까
바위 앞 저 산 저 언덕 어제 본 듯하여라

어렴풋이 뜻을 헤아리며 도산서원과 어떤 관련 있겠지.
하는 호기심을 안고 아홉 굽이를 돌아 주차장에 도착했다.

안동호를 끼고 굽이굽이 돌아가다 그늘을 내어주는 소나무 가지 아래 높다란 기단 위에 비신이 얹혀 있다.

품위 있는 비석은 머리글을 두전이라 하여 전서체로 쓰는데 추로지향(鄒魯之鄕)이다. 본문은 해서체로 庚申 十二月 八日 曲阜 孔德成라 하였다. 1980년 12월 8일 공덕성이 쓴 글이다.

鄒魯之鄕이란 공자와 맹자가 태어난 노나라, 추나라와 같은 예절을 알고 학문이 왕성한 곳이라는 뜻이다.

공덕성은 공자 77대 종손으로 태어난 지 100일 만에 세습되는 연성공(衍聖公) 작위를 승계받았다. 衍聖은 성인 공자의 신성한 혈맥을 이어간다는 의미이다. 대만으로 이주한 공덕성은 마지막 연성공이다.

파란만장한 공덕성의 일생을 생각하며 조금 걷자 도산서원의 앞마당에 당도한다.

강 건너 시사단(試士壇)이 있다. 봉우리를 평편하게 다듬고 가운데 정자가 있다. 물이 차면 섬 물이 빠지면 산이 된다. 1792년 지방별과를 보던 장소로 7천 명이 응시하였다

시사단

도산서당 식수로 사용되었던 열정(冽井)이라는 우물에 다가섰다.

열정은 역경의 정열한천식(井冽寒泉

열정(洌井)

食)에 기원하는데, 우물은 마을이 떠나도 옮겨가지도 못하고 퍼내도 줄지 않는다. 이처럼 무궁한 지식의 샘물을 두레박으로 하나하나 퍼내어 마시듯 자신의 부단한 노력으로 심신을 수양해야 한다는 의미를 내포하고 있다. 시공을 초월하여 동참할 수 있게 물맛을 볼 수 있으면….

서원이라 하면 기본 생활 법도를 배우고 익히는 곳이라 마음 한없이 무거워져 걸음을 옮기기 힘들었다. 그런데 편액 글씨 내력을 듣고는 이곳에도 실수가 허용되고 사람이 생활하는 공간이라는 것을 알게 되었다.

우에서 좌로 도산서원(陶山書院) 네 글자로 한석봉 글씨이다.

陶자는 山로 마무리되어 마지막 획을 아래로 그어야 山이 된다. 그런데 가로로 그어 止자 모양의 기형적인 글자가 되었다. 천하에 글씨라면 한석봉이건만 임금 앞이라 정신이 어지러워 이런 실수를 하였다고 한다. 지금까지 그대로 부착된 것으로 봐서 의미만 통하면 된다는 평범한 진리를 보여준다.

매화나무

도산서원에서 고개를 넘으면 퇴계 종택이 나온다.

종손이 한복을 단아하게 차려입고 방문객을 맞이하고 있다. 연세로 청력이 좋지 않아 듣지는 못하지만, 상대방 입을 보고 마음을 헤아린다고 한다. 심득술 대가 경지에 접어들었다. 노소에 관계없이 무릎을 꿇고 대화를 하는데 편하게 앉으라고 하면, 어릴 때부터 습관이 되어 편하다고 한다.

퇴계 선생 수신십훈을 방문객 수준에 맞는 훈을 선택하여 낭독하고 자필 경(敬)자를 나누어 주는 것을 큰 보람으로 여긴단다.

종손은 퇴계 선조 신위는 불천위이므로 매년 제사를 모시고 있는데 며느리 고생이 많다고 하면서 새벽에 모시던 제사를 초저녁에 모실 것이라 한다. 일손도 부족하고 제사 모시고 새벽에 출발하면 업무에 지장도 많아 세상 흐름에 따라 초저녁에 모시겠다고 하자 여성연수생들이 환성과 박수로 응대하는 구나.

퇴계 선생은 유언으로 "명문(銘文)을 직접 초해서 상자 속에 넣어

두었으니 사용하라"고 했다.

앞마당 능소화가 치렁치렁 감아올린 소나무 아래 바위에 자명(自銘) 96자를 한자로 새기고, 한글로 번역해 누구나 읽을 수 있다.

태어날 때는 크게 어리석었고, 장성하면서 잔병도 많았네
산은 의연하게 높기만 하고 물은 끊임없이 흐르는구나
근심 속에서도 즐거움은 있고 즐거움 속에서도 근심은 있네
자연대로 살다가 돌아가노니 이 세상에 무엇을 다시 구하리요

능소화 암수술의 구조를 보고 생명 연속성을 배우고, 매일 마시는 우물에서 퍼내도 줄지 않음을 보고 부단한 노력으로 심신을 수양해야 하며, 나무는 그 자리에서 자라고 죽는다는 것을 보여준다. 試士壇은 과거를 보기 위하여 돌이나 흙으로 높게 쌓은 둔덕이라 물을 받아들이지만, 강은 넘지 못하니 섬이 되고 있다. 인간은 그 속에서 지혜를 배워가는 것이려니….

선비는 스스로 명문을 준비하고 살아 간디. 꽃과 물, 나무 그리고 산에서 배우는 삶의 지혜라 할 것이다. 나의 명문을 준비하여야겠다. 그래야 촌음을 아끼며 후회를 줄이며 살아가겠지.

안명영 역사기행 산문집

화수목산인

2021년 5월 10일 초판 인쇄
2021년 5월 15일 초판 발행

지은이 / 안명영
발행인 / 강병욱

발행처 / 도서출판 교음사
편 집 / 隨筆文學社 出版部

03147 서울 종로구 삼일대로 457 수운회관 1308호
Tel (02) 737-7081, 739-7879(Fax)
e-mail : gyoeum@daum.net
등록 / 제2007-000052호

* 잘못된 책은 바꿔 드립니다. 값 15,000원

ISBN 978-89-7814-820-7 03910

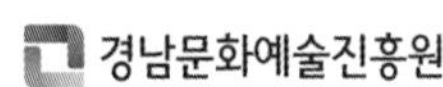

이 도서는 경남문화예술진흥원의 문화예술지원을 보조받아 발간되었습니다.